*한 페이지에 한 가지 주제를
한 컷 만화에 담았다*

한컷만화
기독교 진리 130

**한컷만화
기독교 진리 130**

ⓒ 생명의말씀사 2017

2017년 12월 26일 1판 1쇄 발행
2025년 3월 26일　　 2쇄 발행

펴낸이 | 김창영
펴낸곳 | 생명의말씀사

등록 | 1962. 1. 10. No.300-1962-1
주소 | 서울시 종로구 경희궁1길 6 (03176)
전화 | 02)738-6555(본사)·02)3159-7979(영업)
팩스 | 02)739-3824(본사)·080-022-8585(영업)

글·그림 | 김재욱

기획편집 | 유선영
디자인 | 조현진
인쇄 | 영진문원
제본 | 보경문화사

ISBN 978-89-04-02090-4 (03230)

저작권자의 허락없이 이 책의 일부 또는 전체를
무단 복제, 전재, 발췌하면 저작권법에 의해 처벌을 받습니다.

한 페이지에 한 가지 주제를
한 컷 만화에 담았다

한컷만화
기독교 진리 130

글·그림 김재욱

생명의말씀사

프롤로그

한 페이지에 한 가지 주제로
누구나 쉽게 이해하는 기독교 핵심진리

    새로운 책을 통해 독자 여러분께 인사드리게 되어 반갑고 기쁩니다. 책을 완성하게 해주신 하나님 아버지께 영광과 감사를 올립니다.
    이 책은 불신자부터 초신자는 물론 남녀노소 크리스천 모두가 볼 수 있는 구원과 복음, 그리고 핵심적인 기독교 교리를 그림과 함께 쉽게 소개한 책입니다. 요즘 사람들은 긴 글을 읽는 것에 부담을 느끼고 힘들어하기 때문에 아무리 좋은 글과 책을 선물하거나 권해도 던져놓고 거의 읽지 않습니다. 그래서 한 장에 한 개념을 설명하기란 쉽지 않지만 과감히 생략하고 글자 수를 조절했습니다.
    책에 나오는 내용들은 페이지를 휴대폰 카메라로 찍어서 지인에게 보낼 수도 있고, SNS에 공유할 수도 있을 것입니다. 기독교와 복음에 대해서 몰랐던 분들은 오해를 풀고 새롭게 깨닫는 계기가 될 수 있고, 기존 크리스천에게는 잘 알지만 간단히 설명하기 애매했던 부분들을 변증할 수 있는 도구로 활용될 수 있으리라 기대합니다.

　이 책은 원래 제 저서 중 『내가 왜 믿어야 하죠?』를 만화화하려던 의도에서 출발했습니다. 하지만 그 책은 글을 곱씹는 것이 장점이라 만화로 옮기면 전혀 다른 느낌이 들 것 같아서 고민을 거듭한 끝에 새로운 형식의 새 책으로 만들어지게 된 것입니다.

　만일 조금 더 친절하고 자세한 설명을 필요로 하신다면 『내가 왜 믿어야 하죠?』를 읽어보시기 바랍니다. 그림을 곁들인 더 쉬운 설명을 원하시면 『1318 신앙질문 A to Z』를 보시면 좋습니다.

　또한 인터넷에서 제 블로그, '바이블로그(www.woogy68.blog.me)'에 오시면 이런 개념들을 설명한 다양한 글이 있으니 언제든지 이용하시기 바랍니다. 스마트폰으로는 네이버 블로그 앱을 사용하시면 편리합니다. 제 블로그는 네이버에서 '바이블로그'를 검색해도 안내가 나옵니다. 강연 동영상은 공개하지 않지만 유튜브에 유익한 성경 콘텐츠를 올리고 있습니다. 유튜브에서 '바이블로그 김작가'를 검색하시면 됩니다.

본문에는 총 130개의 내용이 담겨 있습니다. 각각 20~30여 개의 내용을 5개 파트로 나누어 배치했습니다. 자세한 설명이 없이 핵심만 다루는 관계로 표현상 논쟁이 될 만한 주제, 교파마다 이견이 있는 주제들은 완곡하게 표현하고, 몇 가지는 제외시키면서 가장 보편적이면서 중요한 것들을 다뤘습니다.

1장에는 불신자나 기독교에 관심 있는 분들이 마음을 열 수 있는 가장 기본적인 상식과 믿는다는 것의 원리 등을 소개했습니다. 오해 때문에 다가오지 못하는 분들의 마음이 열리기를 바랍니다.

2장에서는 실질적으로 구원을 받을 수 있는 방법을 안내했습니다. 인간을 구원하시는 하나님의 의도와 계획, 복음의 구조, 기독교의 원리를 이해함으로써 구원이 어떻게 이루어지는지 알 수 있습니다.

3장은 구원에 관한 다양한 궁금증입니다. 메시아를 보내신 이유와 과정, 성경의 신빙성, 구원의 영속성과 안전성 등을 통해 의심을 떨칠 수 있을 것입니다.

4장은 기타 기독교 교리나 지식들입니다. 가장 보편적인 지식들과 궁금증을 안내했습니다. 또한 천주교와 이슬람 등 타 종교의 특성을 알아가면서 기독교가 유일한 진실임을 설명합니다.

    끝으로 5장은 사람이 둘 중 한 곳, 반드시 갈 수밖에 없는 천국과 지옥에 대한 이야기입니다. 이 장소들이 실제 존재하는 곳이라는 사실 등 천국과 지옥에 대해 바로 알아야 천국을 제대로 향할 수 있습니다.

    맨 뒤에는 본문에 출처만 표기된 성경 구절들을 확인할 수 있도록 전체 구절을 안내했습니다.

    저는 성경을 그대로 믿는 사람입니다. 또한 근본적인 보수적 신앙을 지향합니다. 제가 소개한 내용들은 민감한 것들을 피한 가장 기본적인 것들이므로 큰 이견은 없으리라 봅니다만, 저자로서 가장 성경적이고 건전한 교리와 신앙을 따른 것이니 의문이 가는 부분은 좀 더 잘 살펴서 바른 지식을 탐구하시기 바라고, 혹시 조금씩 다른 견해가 있다면 큰 틀에서 양해하시면 좋을 듯합니다.

    부디 이 책을 통해 바른 기독교 지식이 널리 알려지고, 불신자들의 오해가 풀려 하나님께 나아오는 영혼이 많아지기를 바랄 뿐입니다. 사실 이번 책은 조금 더 정성이 들어갔습니다. 그림을 기존 스타일에서 조금 바꿔 자동으로 채우지 않고 부드러운 색채로 일일이 칠했기 때문입니다. 많은 시간을 들여 한 땀 한 땀(?) 그려나간 그림들입니다. 그저 똑같은 페이지들로 인식되지 않도록 다양한 구성과 배치를 했기 때문에 페이지 자체로 내용이

머리에 남는 효과를 기대할 수 있을 것입니다.

제가 이해한 것을 가장 효율적인 비유와 설명으로 전달하기 위해 애쓴 만큼 글 한 줄, 그림 한 컷이 독자님들, 특히 불신자 여러분의 마음에 인상적으로 남기를 기도하고 기대합니다.

책을 집필할 때마다 저에게 귀한 지식을 전해준 신앙의 스승과 선배들을 잊지 않습니다. 저 또한 누군가에게 귀한 전달자가 되기를 바라는 마음입니다. 그 지식은 사람이 아닌 하나님이 저에게, 그리고 제가 아닌 하나님이 또 다른 누군가에게 전해주실 하늘의 지식, 값을 매길 수 없는 생명의 지식이라고 생각합니다. 제가 그랬듯이 모든 분들이 나누고 또 전하는 이야기들이 되기를 바랍니다.

제가 글을 쓰고 그림을 그리는 사람으로 살게 하신 하나님께 감사드리고 영광을 올립니다. 가족들… 항상 뒤에서 기도해주고 염려해주는 사랑하는 아내, 언제나 묵묵히 응원하는 딸, 아빠의 책을 열심히 읽고 친구들을 설득하는 아들 덕에 늘 힘이 납니다.

교회 식구들, 믿음의 동역자들, 격려와 조언을 아끼지 않는, 블로그와 책을 통해 만나는 모든 독자님들께 항상 감사합니다. 이 책의 내용을 꼼꼼히

체크하며 도움을 주신 생명의말씀사 편집부에도 감사드립니다.

  제가 가장 기쁘고 행복할 때는 저의 글이나 강연을 통해 예수님을 찾고, 또 영접하고 믿음을 시인하는 분이 나올 때입니다. 저를 작은 도구로 써서 하나님이 그분들께 말씀해주신 것이니 얼마나 감격스럽고 놀라운지 모르겠습니다. 무익한 사람이지만 이 책을 통해서도 단 한 분이나마 주님께 나아올 수 있다면 좋겠습니다. 읽는 분들의 마음에 하나님의 긍휼과 은혜가 함께하기를 바라면서….

2017년 겨울, **김재욱**

목차

프롤로그 04

1장. Basic & Guide
기독교, 정말 믿을 만한가?

01 사람은 어디로부터 와서 어디로 가는가?	20
02 내가 원하는 것보다 진짜 정답이 중요	21
03 중대한 문제일수록 정답은 단순해진다	22
04 당신도 무언가 믿고 있다	23
05 사람은 믿고 싶은 것만 믿는다	24
06 믿음의 속성에 주의해야 한다	25
07 우리의 눈은 얼마나 정확할까?	26
08 느낌에 의존하지 말라	27
09 기독교는 가장 큰 사기극이거나 진실	28
10 하나님이 날 사랑하신다고요?	29
11 기독교는 서양 종교인데 한국인이 왜?	30
12 모든 민족의 뿌리는 하나	31
13 기독교에 목숨을 바친 사람들은 왜?	32
14 예수님 제자들의 갑작스러운 용기	33
15 구원은 곧 하나님을 '아는' 것	34
16 값을 매길 수 없는 것은 모두 공짜	35
17 파스칼의 내기를 아십니까?	36
18 기독교인들 때문에 교회 가기 싫다?	37

2장. Salvation & Knowledges
사람이 구원받는 데 필요한 필수 교리들

19	종교는 do, 복음은 done	40
20	누구에게나 임하는 죽음은 소멸이 아니다	41
21	인간에게 임한 돌이킬 수 없는 죽음	42
22	삶과 죽음의 엄중한 경로	43
23	죽음이 임했지만 더 좋은 것을 주심	44
24	타락은 아쉽지만 더 나아진 결과	45
25	법 없이도 살 사람인데 왜 죄인이래?	46
26	기억도 안 나는 원죄를 내가 왜?	47
27	피는 생명, 사람을 살리는 피	48
28	그 피를 볼 때에 내가 넘어가리라	49
29	죄를 다른 존재에게 전가하는 원리	50
30	대속을 통해 얻는 칭의의 원리	51
31	하나님은 부족함이 없으신 만물의 주인	52
32	구원에 쓸모 있는 건 단 하나뿐!!	53
33	짐승을 희생시킨 가죽 옷의 비밀	54
34	천국, 흠이 있는 상태로는 갈 수 없는 곳	55
35	모세의 놋 뱀, 그리고 예수님의 십자가	56
36	십자가에서 죄와 저주가 되신 예수님	57

37 구원에 앞서 꼭 필요한 '회개'의 개념	58
38 왜 신이 인간이 되었나?	59
39 기독교는 결국 운명론 아닌가?	60
40 구원도 운명대로 받는가?	61
41 천국문은 좁은 문일까?	62
42 잔치를 준비한 주인의 초대	63
43 인간을 구원하시고자 하시는 하나님	64
44 노아의 방주에는 몇 명이 탔을까?	65
45 구원은 누구나 가능, 하나님의 은혜는 필수	66
46 천사에게는 구원의 기회가 없다	67
47 마음을 여는 문의 손잡이는 안쪽에…	68
48 처음 믿는 사람은 어떻게 구원받을 수 있나?	69

3장. Salvation & Bible
구원에 관한 다양한 궁금증과 성경적 해답

49 성경은 가장 완벽하고 놀라운 책	72
50 예언을 이루는 성경 기록들	73
51 이스라엘의 회복을 예언한 성경의 정확성	74

52 유대인의 행적에 관한 예언의 성취	75
53 성경의 무오성을 부인하는 것은 기독교가 아니다	76
54 말씀의 가치는 모든 것 위에…	77
55 정경은 어떻게 결정되었나?	78
56 최고의 베스트셀러 '성경'의 역사	79
57 어떻게 부패하지 않은 피로 태어날까?	80
58 예수님에 관한 메시아 예언 적중	81
59 구약의 예언을 이루기 위해 일부러?	82
60 누구도 부정하기 힘든 메시아 탄생의 타이밍	83
61 메시아를 통한 구원, 구약과 신약시대의 차이	84
62 구약과 신약시대를 구분하는 기준	85
63 이사야서 53장의 세세한 예언	86
64 복음을 전혀 못 들어본 사람은 어떻게?	87
65 복음을 몰라도 구원받는다는 이들이 있던데?	88
66 하나님은 사랑이라면서…?	89
67 양심이 율법이 된다고 하던데…?	90
68 하나님께 이르는 길은 단 하나	91
69 실제 의인이 아니라 '칭의'에 의한 의인	92
70 구원받았는지 죽어봐야 알 수 있을까?	93
71 구원만 받으면 막 살아도 되나?	94

72 구원받은 사람도 죄를 짓는다   **95**
73 구원받으면 달라지는 것들   **96**
74 거룩하게 구별되는 성도의 삶이란?   **97**
75 구원받은 날을 기억해야 할까?   **98**
76 구원받은 성도의 영적 오르내림   **99**
77 죄를 지으면 구원이 사라질까?   **100**
78 바른 진리가 성도에게 참된 자유를 준다   **101**
79 왜 구원이 취소된다고 주장할까?   **102**
80 자기 의가 아니라 오직 믿음으로   **103**
81 행함이 없는 믿음은 죽은 믿음이라던데?   **104**
82 자기 구원이 의심될 때…   **105**
83 구원을 확신하는 것은 교만인가?   **106**
84 꼭 교회를 다녀야 하나?   **107**

4장. Christianity & Religion
기독교 기타 지식과 타 종교를 통한 증거

85 왜 에덴동산에는 선악과가 있었나?   **110**
86 왜 마귀의 타락을 방치하셨을까?   **111**

87 사람은 정해진 대로 사는 로봇인가?	112
88 기적이란 무엇인가?	113
89 그리스도인이 믿음을 시인하는 의식, 세례(침례)	114
90 주의 만찬, 예수님을 기념하고 기억하는 일	115
91 돈, 맘몬이라 불리는 우상	116
92 질투하시는 하나님?	117
93 천주교의 십계명은 왜 성경과 다를까?	118
94 왜 천주교는 제사를 지낼까?	119
95 마리아가 하나님의 어머니?	120
96 마리아 관련 주요 신성모독 교리	121
97 기독교의 뿌리는 천주교 아닌가?	122
98 종교개혁, 개신교와 천주교의 관계	123
99 성인, 성자, 성도	124
100 기독교에는 무속적 요소가 없다	125
101 이슬람의 알라가 주 하나님과 같은 신인가?	126
102 그래도 무함마드가 아브라함의 후손인데?	127
103 이슬람의 폭력성과 여성 억압	128
104 이슬람은 기독교를 가장 혐오한다	129
102 모든 종류의 세상 종교는 우상	130
106 이단에 빠지지 않으려면?	131

107 삼위일체의 원리와 구성 요소 132
108 삼위일체의 속성과 양태론 133
109 예수님이 참 신이면서 참 인간이라는 의미 134
110 우리의 형편을 아시는 예수님 135
111 그리스도인은 성령님의 집, 예수님의 지체 136
112 성령의 열매 아홉 가지는 성품의 열매 137
113 자녀를 징계하시는 하나님 138
114 '술'은 성경이 권하지 않는 것 139

5장. Heaven & Hell
천국과 지옥에 관한 진실과 궁금증

115 천국 지옥 간증, 믿을 만한가? 142
116 천국과 지옥은 마음의 상태인가? 143
117 천국은 참된 평안이 있는 곳 144
118 천국 가면 아예 다른 사람이 되는 걸까? 145
119 지옥은 기억이 되살아나는 고통이 있는 곳 146
120 지옥에 가는 단 하나의 이유 147
121 마귀는 고소하는 자 148

122 마귀는 속이는 자   149
123 왜 사랑하는 인간을 지옥에 보내실까?   150
124 신이 있다면 왜 악한 자를 그대로 두나?   151
125 천국은 절대평가, 자격 취득 과정이다   152
126 천국에서의 보상은 성과급이다   153
127 천국에도 빈부의 격차가 있나?   154
128 죄의 크기도, 그에 따른 형벌도 다르다   155
129 첫째 부활과 둘째 부활   156
130 다시, 사람은 어디로부터 와서 어디로 가는가?   157

에필로그   158
실전활용법   162

1장. Basic & Guide

기독교, 정말 믿을 만한가?

믿지 않는 이들에게는
기독교와 그리스도인들에 대해 많은 의문들이 있을 수 있습니다.
믿음 안으로 들어오기 전 우리가 가졌던 질문일 수도 있고,
또 때로는 그리스도인들조차 명쾌한 답을 못하는 물음도 있습니다.

01

사람은 어디로부터 와서 어디로 가는가?

모든 역사 속에서 인류가 끊임없이 고민한 질문입니다.
아직까지 이 질문에 명확한 답을 보여준 사람은 없다고들 합니다.
하지만 이 답을 알고, 확신한다는 사람들이 있습니다.
무척 평범하고 멀쩡한 사회인이며,
다양한 연령대와 지식수준을 지닌 사람들이 그렇게 '증언'하고 있습니다.
그러면 한 번쯤 들어보면 어떨까요?
대체 무슨 근거로 그런 주장을 하는지 말입니다.
들어보시겠습니까? 자, 시작해볼까요?

02

내가 원하는 것보다 진짜 정답이 중요

사람들은 말합니다.
"난 하나님이 안 믿어지고, 기독교가 그냥 싫어!"
"난 무신론자야. 아무것도 믿지 않아."
"난 불교가 나한테 맞는 것 같더라."
하지만 내 취향과 선호와 판단이 무슨 소용일까요?
아무리 부정하고 싶어도 일단 자신의 뿌리, '정답'을 찾아야 합니다.
내 믿음과 취향이 진리를 결정하는 것이 아니며
내 마음에 드는 게 정답이 아닙니다. 정답이 정답입니다.

03

중대한 문제일수록 정답은 단순해진다

오늘 점심 메뉴는 짜장면? 짬뽕?
이건 어떤 쪽도 문제 될 일이 없지요. 혹은 다른 걸 먹어도 됩니다.
하지만 집을 살 때, 배우자를 선택할 때, 암 수술을 할 때는 어떻습니까?
점점 더 신중해지는 대신 답은 단순해지죠.
왜 '창조' 아니면 '진화' 두 가지 선택밖에 없는 것일까요?
영원한 천국과 지옥을 결정하는 일은
하나님이 복잡하게 주시지 않았습니다.
오직 정답과 오답, 진실과 거짓뿐임을 명심해야 할 것입니다.

04

당신도 무언가 믿고 있다

특정한 종교인만 믿음이 있는 것일까요?
아닙니다. 누구나 '믿음'을 가지고 세상을 판단합니다.
신이 없다는 것을 확인해서 안 믿는 게 아니라
신이 없다고 '믿기' 때문에 없다고 판단하는 것입니다.
내가 부모님에게서 태어난 것을 기억하기 때문에 믿는 게 아니죠.
모든 정황을 살펴보니 의심의 여지가 없이
나는 부모님의 자식이라고 믿을 수밖에 없는 것입니다.
우리가 안다고 생각한 많은 지식·정보도 사실은 믿는 것임을 알아야 합니다.

05

사람은 믿고 싶은 것만 믿는다

사람은 누구나 자신이 이성적으로 판단한다고 생각하지요.
그럴 만해서 그렇다고, 자기 생각과 판단력을 잘 의심하지 않습니다.
어떤 연예인이 학력 위조를 했다고 끈질기게 주장하는 이들은
그것을 사실로 굳게 믿고 있어서
졸업장 같은 어떤 증거나, 증인과 증언을 제시해도 안 믿습니다.
사람의 눈은 보고 싶은 것만 보고,
사람의 마음은 믿고 싶은 것만 믿기 때문이죠.
하지만 자기가 믿고 싶은 것이 치명적 오류이면 큰 손해를 볼 것입니다.

06

믿음의 속성에 주의해야 한다

믿음은 바라는 것들의 실체이며 보이지 않는 것들의 증거입니다. ^{히 11:1}

바라는 것도 믿으면 실체가 되고 보이지 않는 것도 믿고 또 믿으면

증거로 나타나는 것, 이것이 믿음의 속성입니다.

잘못된 것을 믿어도 실체가 되고 증거가 보입니다.

하지만 그것이 참된 실상은 아닙니다.

색안경을 끼면 온 세상이 모두 그 색깔로 보입니다.

그것이 세계관이며 믿음입니다.

바른 것을 찾으려면 마음을 비우고 투명한 안경을 껴야 합니다.

07

우리의 눈은 얼마나 정확할까?

"내 두 눈으로 똑똑히 봤다."
이런 표현도 있지만 사람의 눈은 정확하지 않습니다.
자주 잘못 보고, 안 본 것도 보았다고 착각하며, 보고도 금방 잊어버립니다.
한 가지 대상을 보고도 인종이나 국적, 성별,
직업에 따라 다른 것을 보았다고 증언하기도 하죠.
아담과 이브는 선악을 알게 하는 나무 열매가 보암직하게 보였습니다.
하지만 믿음은 보는 것이 아니라 하나님의 말씀을 듣는 데서 옵니다. 롬 10:17
믿음은 나에게서 나오는 것이 아니라 밖에서 오는 것입니다.

08

느낌에 의존하지 말라

사람의 눈이나 감정은 불완전합니다.
그래서 우리는 시각이나 감정, 느낌에 의존하면 안 됩니다.
검증된 매뉴얼을 따라야 합니다. 그것은 진리의 성경 말씀입니다.
느낌에 의존하는 신앙은 시시각각 기분에 따라
믿음도 달라지고 행동도 달라집니다.
그러면서 끝없이 신비한 것과 가시적인 효과를 기대합니다.
이런 신앙은 진지하고 깊은 데로 더 나아가기가 어렵습니다.
달아오른 느낌이 사라지면 함께 소멸되기 때문입니다.

09

기독교는 가장 큰 사기극이거나 진실

사실 모든 종교 중에 어쩌면 가장 황당한 것이 기독교입니다.
하나님이 만물을 창조했다고 합니다. 모든 인간이 타락했다고 합니다.
그런 인간의 죄를 용서하기 위해 하나님의 아들이
인간이 되어 인간을 대신해 죽음으로써 죄가 제거됐다고 합니다.
그리고 그 사실을 알고 믿기만 하면 누구나 천국에 간다고 합니다.
이 중에서 하나라도 사실이 아니면 기독교는 가장 큰
거짓말을 하는 종교일 테니 당장 사기죄로 처벌받아야겠지요.
기독교는 인류 최대의 사기극 아니면 진리입니다.

10

하나님이 날 사랑하신다고요?

이 말 많이 들어보셨을 겁니다.
본 적도 없는 신이 날 왜 사랑한다는 것인지 궁금할 수 있습니다.
하지만 정말 세상과 인간을 만드신 분이라면
사람이 자식을 아끼듯 큰 애착을 가지고 끝까지 지켜볼 수밖에 없겠지요.
하나님은 믿는 자들의 아버지이십니다.
거리에서 방황하는 자식을 밤새 기다리며 잠 못 드시는 우리의 아버지,
인자하고 사랑이 많으신 아버지처럼 말입니다.
그분이 마지막 순간까지 포기하지 않고 당신을 기다리십니다.

11

> 진짜 신이면 여럿이겠어? 프랜차이즈도 아니고…

> 그러고 보니 우리가 언제부터 갓 쓰고 살았지?

> 하긴 불교도 외국 거잖아

기독교는 서양 종교인데 한국인이 왜?

우리나라에도 종교가 많고 조상 대대로 이어온 풍습과 신앙이 있는데
왜 굳이 서양에서 시작된 종교를 믿느냐고도 합니다.
하지만 혈통과 민족은 역사 속에서 나뉜 것뿐, 정확한 경계가 없지요.
나라마다 개별적 종교가 있는 것은 사람이 만들었기 때문입니다.
세상의 창조부터 역사의 종말까지 기록하고 예언하며
일관된 원칙 아래 인격적 신의 모습을 보여주는,
제대로 알면 가장 상식적이고 모순 없는 종교가 기독교입니다.
만드는 대로 종교가 될 수 없듯이 역시 답은 하나뿐입니다.

모든 민족의 뿌리는 하나

유교나 도교나 불교 등은 중간에 도입된 것입니다.
모든 민족은 한 뿌리였고, 인종이 달라도 닮은 사람들이 있습니다.
성경은 에덴동산 이후로 늘어난 사람들이
노아의 홍수를 거쳤다가 다시 많은 사람들로 불어났고,
그들이 홍수를 피하고자 바벨탑을 쌓았다가
하나님의 형벌로 언어가 혼잡해지자 탑 쌓기를 포기하고
온 세상으로 흩어진 것이라고 말씀하는데, 과학적 증거들이 많습니다.
우리 민족도 대이동한 여러 민족들 중 하나인 것입니다.

기독교에 목숨을 바친 사람들은 왜?

지금도 각 나라에서 많은 기독교인이 핍박을 받으며 목숨을 잃지만,
로마와 가톨릭 교황 등에게 수많은 기독교인이 죽임을 당했습니다.
그들은 성경을 따르고 믿음을 지키는 데 생명을 걸었습니다.
화형을 당하고, 로마 시대 원형경기장에서 맹수의 밥이 되면서도
믿음을 배신하지 않았던 순교자들이 있었습니다.
그들은 왜 아까운 목숨을 버렸을까요?
예수님처럼 자신들도 부활할 것을 믿었기 때문입니다.
이들은 광신도도 아니고 미친 사람들도 아니었습니다.

14

예수님 제자들의 갑작스러운 용기

사람이 갑자기 변할 때는 이유가 있습니다.

예수님이 부른 열두 제자들은 믿음도 용기도 부족한 자들이었습니다.

그런데 예수님을 부인하기도 하고,

십자가 사건 때 두려워서 대부분 도망쳤던 제자들이

갑자기 돌변하여 목숨도 아까워하지 않는 자들로 변합니다.

왜 그랬을까요? 바로 주님의 부활을 목격했기 때문입니다.

죽어도 산다는 확실한 믿음이 그들을 바꿨습니다.

부활은 역사적 사실이며 제자들의 행동은 가장 분명한 증거입니다.

구원은 곧 하나님을 '아는' 것

구원을 얻으려면 일단 누가 나를 살려줄지 '알아야' 합니다.

모르는 존재를 어떻게 알고 믿겠습니까?

영원한 삶은 그 길을 아는 것에서부터 시작됩니다.

바로 전지전능하신 분 하나님이 나를 만드셨음을 알고,

그분의 아들 예수님이 내 죄를 제거하셨음을 제대로 아는 것입니다.

영생이란, 유일하신 참 하나님인 아버지와

그분이 보내신 예수 그리스도를 '아는' 것입니다. 요17:3

참된 신을 제대로 아는 지식이 사람을 살립니다.

16

값을 매길 수 없는 것은 모두 공짜

가만히 생각해보면 세상에는 값없이 주어진 것이 많습니다.
마시는 물과 숨 쉬는 공기, 부모님이 돌봐준 은혜에도 대가를 지불하지 않았죠.
너무 큰 은혜는 값을 매길 수 없습니다.
생명의 은인에게는 아무리 많은 돈을 준다고 해도 모자랍니다.
그래서 구원은 공짜입니다. 헌금도, 봉사도, 선행도
아무 소용이 되지 않습니다. 받은 구원이 감사해서 드리는 것일 뿐….
자기 행위를 보태지 않고 오직 믿음으로 받는 것이 구원입니다.
그저 감사로 받으면 됩니다.

17

파스칼의 내기를 아십니까?

죽으면 모두 끝이고 심판이나 천국, 지옥도 없다는 사람들에게
철학자 파스칼은 내기를 하자고 했습니다.
"안 믿었다가 기독교가 진실이면 지옥에 가서 큰 화를 입지만,
내 말을 듣고 믿었다가 기독교가 거짓이면 그대로 소멸이다.
누가 더 손해인가? 그래서 나는 안전한 길을 택한다."
모든 종교는 소멸과 윤회를 말하고, 지옥과 심판을 말하지 않습니다.
안 믿어도 기독교만큼 엄청난 손해인 영원한 형벌은 아니지요.
하지만 기독교가 사실이면 어마어마한 판단 미스를 하는 꼴이 됩니다.

18

기독교인들 때문에 교회 가기 싫다?

기독교인들이 사회에서 많은 욕을 먹습니다.
사실 교회 안에 악하고 부족한 이들, 이상한 지도자도 많습니다.
교회에 다닌다고, 지도자라고 다 구원받은 '성도'는 아닙니다.
하지만 악한 사람들 중에도 성도가 있습니다.
일반 사람들보다 연약해서 죄 문제를 안고 교회에 가는 것입니다.
때가 있어야 목욕탕에 가는 것과 비슷합니다.
교회는 사람 보고 가는 곳이 아니라, 하나님과 일대일로 만나기 위해
가는 곳입니다. 사람이 여러분을 구원해주는 것이 아닙니다.

2장. Salvation & Knowledges

사람이 구원받는 데 필요한 필수 교리들

그리스도인이 되는 첫 단계는 구원의 원리를 깨닫는 것입니다.

하나님은 성경 말씀을 통해 죄인이 구원받는 길을 알려주셨습니다.

하나님을 믿는 것은 무조건적 추종이 아니라

구원으로의 초대를 기쁨과 감사로 받는 과정을 통해 시작됩니다.

19

종교는 do,
복음은 done

'종교'와 '복음'은 다릅니다.
종교는 계속 행위를 통해
이루어가는 것으로
아직 완성되지 않은 것이고
완성될 수 없는 것입니다.
그러나 복음, 즉 참된 신앙은
이미 완성된 것으로
예수님이 십자가를 통해 이루신
죄 씻음을 믿는 것입니다.
참된 믿음에도 행위는 필요하지만
감사해서 드리는 것일 뿐이며,
그 행동으로 무언가 얻으려는 것은
종교의 일이라는 것입니다.
종교는 복잡하고,
복음은 명료합니다.

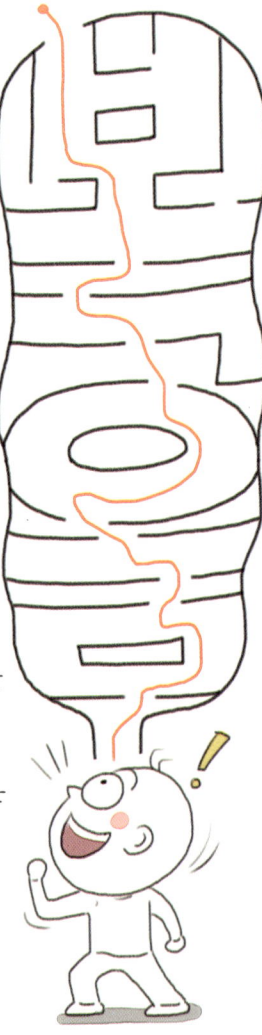

20

누구에게나 임하는 죽음은 소멸이 아니다

죽으면 모두 끝일까요? 우리의 혼, 우리의 정신인 마음이 소멸될까요?

죽음은 사라짐이 아니라 '분리'입니다.

세상과, 가족과, 육체와 분리되어 다른 차원으로 옮겨가는 것입니다.

육신은 일생 동안 사용한 장막, 즉 '집'입니다.

혼은 천국이든 지옥이든 가서 영원히 삽니다.

그래서 예수님은 혼까지 멸하실 수 있는 분은 하나님뿐이라고 하셨지요.

몸은 죽여도 영혼까지 죽이지는 못하는 자들을 두려워하지 말고

혼과 몸을 지옥에서 멸하실 수 있는 분을 두려워하십시오. 마 10:28

2장. Salvation & Knowledges

21

인간에게 임한 돌이킬 수 없는 죽음

인간이 에덴동산에서 뱀의 유혹을 받은 것은 시험이었습니다.
선악을 알게 하는 나무 열매를 먹으면 눈이 밝아져 신들(gods)처럼 된다는 유혹.
다른 신은 없으므로 인간의 한계를 넘을 수 있다는 속임수였습니다.
뱀에게 속은 아담과 이브(하와)는 그 열매를 먹고 죄를 지어
부끄러움을 알게 되었고, 하나님을 피해 숨었습니다.
그리고 그것을 먹는 날에는 반드시 죽으리라는 경고대로 죽음이 임했습니다.
즉시 죽는 것이 아니라 영적으로 죽어 마귀의 소유가 되는 것이며,
육신이 죽을 때 혼이 지옥으로 가게 되었다는 뜻입니다.

22

삶과 죽음의 엄중한 경로

인류에 죄가 들어오고 임한 것은 죽음이었습니다.
그것은 인간이 절대로 바꿀 수 없는 엄중한 경로입니다.
그러던 인간이 예수님을 통해 구원, 즉 삶의 길을 얻었습니다.
이 삶도 역시 어느 누구도 되돌릴 수 없도록 물줄기가 바뀐 것입니다.
어떤 위대한 사람이나 천사나 마귀도 이 경로를 바꿀 수 없고
하나님도 바꿀 수 없습니다.
그분은 약속을 절대 깨지 않으신다는 뜻입니다.
안심하십시오. 사람들의 엉뚱한 말보다 신실하신 하나님을 믿으십시오!!

23

죽음이 임했지만 더 좋은 것을 주심

에덴동산에는 선악과와 생명나무 열매가 함께 있었습니다.
처음부터 생명나무 열매를 먹었더라면 좋았을 텐데,
선악을 알게 하는 나무 열매를 따 먹었기 때문에
죄를 지은 몸으로 생명나무 열매를 먹고 영원히 살까 봐
하나님은 그들을 내쫓으시고 동산에 오지 못하도록 지키십니다. 창3:24
그리고 더 좋은 선물을 주십니다.
영혼이 하나님의 거처에서 영원히 살 수 있는 길을 열어주신 것입니다.
메시아이신 예수 그리스도를 믿으면 그 엄청난 특권을 얻게 됩니다.

24

타락은 아쉽지만 더 나아진 결과

책상에 커피를 엎질렀습니다. 낭패입니다.
서류 몇 장을 다시 프린트하고 휴지와 물티슈로 닦는 등
본의 아니게(?) 책상을 정리합니다. 그리고 나서 보니 기분이 상쾌합니다.
"박 대리, 웬일이야? 거 봐. 청소하니까 좋잖아."
오랜만에 칭찬도 듣고, 커피를 엎지르기 전보다 더 나아졌습니다.
구원은 바로 이런 것… 범죄와 타락으로 다 망친 것 같지만
조금만 조치를 하면 에덴동산보다 더 좋은 천국을 소유하게 됩니다.
하나님은 우리를 위해 더욱더 좋은 것을 주시는 분입니다.

법 없이도 살 사람인데 왜 죄인이래?

세상에는 악인과 선인이 있는 것 같지만 사람의 본질은 같습니다.
취약한 상황이 되면 누구나 악하게 변할 수 있습니다.
하지만 하나님은 평생 남에게 해악을 안 끼친 사람도
예외없이 모두 죄인이라고 부르십니다.
모든 사람이 똑같이 하나님의 영광에 미치지 못했기 때문입니다. ^{롬 3:23}
그분의 거룩하심과 인간의 거리는 너무 멀어서
도토리 키재기처럼 인간은 모두 비슷하며,
천국에 합당하지 못하다는 점에서 모두 똑같다는 것입니다.

26

기억도 안 나는 원죄를 내가 왜?

기독교에서 내가 짓지도 않은 '원죄'를 말해서 억울한가요?
아담의 죄를 왜 내가 책임지느냐고요?
하지만 사람이 티끌만큼도 죄를 짓지 않을 수 있다면
아담과 상관없이 지옥에 안 가도 됩니다.
다만 우리 인간은 스스로 죄를 안 지을 수 없는 존재라는 겁니다.
그러므로 누구나 '자기 죄' 때문에 지옥에 가는 것이지요.
그래서 먼저 사람의 상태를 인지하고 인정하는 것이 중요합니다.
어쨌든 우리는 구원이 필요한 죄인이라는 사실~!

27

To Be Continued....
(계속)

The End
(완성)

피는 생명, 사람을 살리는 피

하나님은 구약시대에 한 법칙을 만드셨습니다.
피에는 생명이 있는데, 레 17:11 짐승의 피로 그때그때 죄를 용서해주신 것입니다.
정기적으로 양과 비둘기 등을 칼로 찔러 피를 내고
불에 태우면서 자기 죄를 짐승에게 돌리고 회개합니다.
죄 때문에 죽임당하고 지옥 불에 가는 과정을 짐승이 대신하면
하나님이 용서해주셨던 것입니다.
하지만 짐승의 피로는 영원히 죄를 없애지 못하며
완전한 예수님의 피만이 인간을 단 한 번에 영구적으로 살립니다.

28

그 피를 볼 때에 내가 넘어가리라

야곱의 자손들은 기근을 피해 이집트에서 노예로 살다가
모세의 인도로 그곳을 탈출해 광야를 지나 가나안 땅을 향합니다.
그때 바로 왕(파라오)이 놓아주지 않자 처음 난 것이 모두 죽는 재앙이 임합니다.
하나님은 어린양을 잡아 그 피를 집의 양 옆 기둥과
위 문기둥에 바르면 죽음의 천사가 넘어갈 거라고 하셨습니다.
유월절 밤, 이집트의 모든 첫 자식들과 짐승의 첫새끼들이 죽었고,
파라오의 맏아들도 죽었지만 피를 바른 집은 재앙을 피했습니다. 출 12:13
하나님은 그 집의 사람이 아니라 오직 피, 주를 인정하는 믿음만 확인하십니다.

29

죄를 다른 존재에게 전가하는 원리

'책임전가'라는 말을 아시죠? 자기 책임을 남한테 떠넘기는 것입니다.
구약시대에는 자기 죄를 짐승에게 전가시켜
짐승이 피를 흘리고 불태워지면 죄를 잠시 씻었습니다.
이와 같이 우리의 죄가 예수님께 전가된 것입니다.
예수님은 전 인류의 모든 죄,
모든 시간대의 죄를 한 몸에 안고
하나님의 진노를 그 몸에 받음으로써 죄를 씻었습니다.
게다가 예수님은 죄를 영원히 없애신 것입니다.

30

대속을 통해 얻는 칭의의 원리

아들의 살인을 목격한 아버지가 있습니다.
그는 살인자인 아들을 살리기 위해 얼른 그의 손에서 칼을 빼앗습니다.
곧 경찰이 들이닥치고, 아버지의 손을 본 경찰은 즉시 체포합니다.
아버지는 사형을 당했습니다.
아버지는 죄가 없지만 사형수입니다. 반면 아들은 죄인이지만 무죄입니다.
아무도 아들에게 죄를 묻지 않습니다.
그의 죄는 아버지를 통해 대가가 지불되었기 때문입니다.
이와 같은 대속의 원리를 통해 우리는 의롭다 하심(칭의)을 얻습니다.

31

하나님은 부족함이 없으신 만물의 주인

세계 최고의 억만장자가 한 사람의 평생 생활비를 제공했다면
무엇으로 은혜를 갚을 수 있을까요?
죽도록 일해서 최저시급 일당을 가져다주면 그가 좋아할까요?
아쉬운 게 없는 풍족한 사람에게는 쓸데없는 일입니다.
억만장자가 바라는 것은 감사의 마음과 표현입니다.
그리고 그가 세월을 낭비하지 않고 보람 있게 살아주길 바랄 것입니다.
하나님도 값비싼 구원을 기쁘게 베푸십니다.
값을 치르려 하지 말고 고맙게 받는 것이 도리입니다.

32

구원에 쓸모 있는 건 단 하나뿐!!

하나님이 뭔가 부족해서 인간에게 대가를 요구하실까요?
부모는 언제나 자식을 용서할 준비가 돼 있습니다.
그런데 자식이 돈이나 물건으로 흥정하려 하면 기가 막히겠죠.
용서를 구하고, 부모를 부모로 인정하는 마음이면 충분합니다.
하나님은 예수님을 통해 믿음을 요구하십니다.
예수님의 피로 모든 죄를 덮어주겠다는 약속을 믿는 마음,
예수님을 나의 왕, 구주와 주님으로 인정하는 마음 하나면 됩니다.
그것이 구원의 필요충분조건이기 때문입니다.

33

짐승을 희생시킨 가죽 옷의 비밀

하나님은 아담과 이브를 동산에서 내보내실 때 옷을 입히십니다.
그들이 입게 된 옷은 짐승의 가죽이었습니다.
반드시 옷을 입는 것은 인간뿐이죠. 이것은 부끄러움을 잠시나마 가리려면
누군가의 희생이 필요함을 알리는 직접적인 교육이었습니다.
앞으로 짐승의 희생제사를 통해서만 죄를 용서받을 수 있고,
완전히 용서받으려면 완전한 희생물인
메시아가 필요함을 알린 사건입니다.
주님은 죄를 잠시 덮는 게 아니라 완전히 제거(take away)하셨습니다. 요 1:29

34

천국, 흠이 있는 상태로는 갈 수 없는 곳

그러면 그토록 부족한 인간이 어떻게 천국에 갈 수 있을까요?
결단코 갈 수 없습니다.
그래서 흠이 없는 존재로 만들어야 합니다.
그것은 인간의 능력으로 되지 않고 누군가 보석금을 내고
대신 값을 치러야만 합니다.
예수님의 피가 바로 보석금입니다.
하나님은 예수님의 죄없는 피만 보고 인간의 흠을 보지 않으십니다.
그래서 완전한 존재로 간주되어 천국 입성이 가능해지는 것입니다.

35

모세의 놋 뱀, 그리고 예수님의 십자가

탈출한 이스라엘 백성이 광야에서 불 뱀에 물려 죽게 된 적이 있습니다.
하나님은 모세에게 놋 뱀을 만들어 막대기에 달아 높이 올리게 하시고,
살고자 하는 자는 그것을 바라보게 하라고 하셨습니다.
놋 뱀을 본 자들은 살아났지만 듣지 않은 자들은 모두 죽었습니다.
예수님은 자신도 십자가에서 이 놋 뱀처럼 '들려야' 한다고 하셨습니다.
왜 뱀에게 물렸는데 또 뱀을 보라고 했을까요?
죄로 죽게 되었으니 모든 죄를 지고 달리신 분을 보면 산다는 것입니다.
이 명령에 순종하는 사람만이 생명을 얻습니다.

36

십자가에서 죄와 저주가 되신 예수님

예수님은 가장 낮고 천한 십자가에서 모든 죄를 없애셨습니다.
인류가 져야 할 모든 시간대의 죄가 예수님의 몸에 전가되어,
그분은 죄 덩어리가 되셨고, 하나님의 저주가 그 위에 쏟아진 것입니다.
하나님께서는 죄를 알지 못한 그분을 '죄'가 되게 하심으로
우리를 하나님의 '의'가 되게 하신 것입니다. 고후 5:21
예수님은 우리를 위해 '저주'가 되심으로써
율법의 저주에서 우리를 구속하셨다고 성경은 말씀합니다. 갈 3:13
이런 사실을 감사로 믿으면 의롭다 하심, 구원을 얻습니다.

37

구원에 앞서 꼭 필요한 '회개'의 개념

구원을 받으려면 죄를 인정하고 하나님 앞에 회개를 해야 합니다.
그러면 회개는 펑펑 울며 잘못했다고 비는 것일까요?
물론 내 죄를 생각하면 눈물도 날 수 있지만 눈물이 본질은 아닙니다.
회개는 돌이킴, '돌아섬'입니다.

더러운 죄(sin)를 향해 가던 발을 돌이켜 죄를 등지고 반대로 가는 것이죠.
죄를 또 지을 수 있지만 끝없이 돌아서는 것,
그것이 바로 진짜 회개(repentance)입니다.

38

왜 신이 인간이 되었나?

왜 예수님은 하나님의 아들이면서 하나님의 본체일까요?
인간의 피는 아담 이후로 타락했습니다.
부패한 피 때문에 죄를 지어 결국 몸이 죽게 되고,
영혼이 지옥에서 영원히 고통을 당합니다.
그런데 짐승의 피로는 죄를 영구히 씻을 수가 없고,
반드시 친족, 즉 사람의 피여야만 합니다. 레 25:47~49
하지만 사람 중에는 순수한 피가 없으므로
어쩔 수 없이 죄 없으신 하나님의 외아들이 사람이 된 것입니다.

39

기독교는 결국 운명론 아닌가?

기독교는 숙명이나 운명론을 말하지 않습니다.
그것은 자기 처지를 그저 받아들여야 하는 이슬람 교리입니다.
하나님은 가끔씩 정하신 일에도 뜻을 돌이키시고
행하려던 일도 그만두시는 모습을 성경에서 보여주십니다. 출32:14
하나님이 작정했다고 모두 이루시는 것은 아닙니다.
인류의 전체 역사는 기록대로 가고, 하나님은 그것을 미리 아시지만
하나님이 세부적인 일들까지 조종하지 않으십니다.
그렇다면 인간의 자유의지가 아무 소용이 없는 것이니까요.

40

구원도 운명대로 받는가?

사람의 구원도 이미 정해져 있다면 어떨까요?
운명대로 가는 것이라면 성경에 이런 말씀들이 없었겠지요.
'누구든지' 원하는 자는 값없이 생명수를 취하라고. 계 22:17
'누구든지' 주의 이름을 부르는 자는 구원을 받는다고. 롬 10:13
천국과 지옥에 갈 사람과 운명이 정해져 있다면
인간은 존엄한 존재라 할 수 없습니다.
하나님의 계획과 뜻은 우리가 속속들이 다 알 수 없지만
성경은 누구든지, 즉 모든 사람이 구원을 얻을 수 있다고 말씀합니다.

41

천국문은 좁은 문일까?

천국 가기가 어렵다고 생각하는 사람들이 있습니다.
좁은 문으로 들어가라는 성경 말씀을 그렇게 이해하기도 합니다.
하지만 그 길을 선택하는 이가 적은 길이라는 뜻이지,
좁아서 커트라인이 높다는 상대적 평가의 의미가 아닙니다.
가고자 해도 모두 갈 수는 없다는 뜻이 아닙니다.
하나님은 누구의 구원도 방해하시지 않습니다.
예수 그리스도의 믿음으로 말미암아 모든 자에게 미치고
믿는 모든 자 위에 임하는 하나님의 의에는 차별이 없습니다. 롬 3:22

누구나 다 오라 했으니
천국 문은 좁아서 좁은 문이 아니라
선택하는 자가 적으므로
결과적으로 좁은 문이 되는 거죠~.

잔치를 준비한 주인의 초대

어떤 사람이 성대한 만찬을 만들고 많은 사람을 초대한 뒤
식사 시간에 그 초대받은 자들에게 자기 종을 보내어 이르기를,
"오라, 이제 모든 것이 준비되었노라" 했지만
소를 사러 가야 한다, 장가 들었기 때문에 못 간다 했습니다.
주인은 화가 나서 다른 사람들을 불러오라고 했지만 자리는 다 차지 않았지요.
주인은 다시 "큰길과 산울타리로 나가서 그들을
억지로라도 들어오게 하여 내 집을 채우라" 하고 명령했습니다. 눅 14:15-24
주님이 좋은 것을 준비하고 부르실 때 거절하지 마세요.

43

인간을 구원하고자 하시는 하나님

하나님은 모든 것을 아시지만
그렇다고 미래가 이미 결정된 것은 아닙니다.
인간은 프로그래밍된 로봇이 아니기 때문입니다.
하나님은 불순종하는 자들에게 대언자를 통해 외치셨습니다.
어찌하여 죽고자 하느냐고…. 겔 33:11
그리고 요나의 경고에 회개하고 돌아온 니느웨 백성들에게는
뜻을 돌이키시고, 내리려던 징계를 거두셨습니다. 욘 3:10
오늘날도 하나님은 기다리시며 인간들이 돌아서기를 바라십니다. 딤전 2:4

44

노아의 방주에는 몇 명이 탔을까?

인간의 악함에 실망하신 하나님은 물로 세상을 심판하기로 하신 후,
의인 노아를 통해 120년 간 방주를 짓게 하시며 세상에 경고하십니다.
하지만 사람들은 이를 무시한 채 노아를 비웃으며 배에 타지 않았습니다.
결국 노아 부부와 세 아들 부부까지,
수십억으로 추정되는 인구 중 겨우 8명만이 살아남습니다.
만일 다 타겠다고 했어도 방주의 공간이 모자랐을 것입니다.
하나님은 미래를 아시기 때문에 방주를 적당히 예비하신 것입니다.
물론 충분히 더 받아줄 수 있을 만큼 방주는 넓었지만 말이죠.

2장. Salvation & Knowledges

45

구원은 누구나 가능, 하나님의 은혜는 필수

누구나 값없이 구원을 받습니다. 계22:17

수고하고 무거운 짐을 진 모든 사람을 받아주십니다.

하지만 하나님이 이끌지 않으시면 누구도 구원받을 수 없다고 했습니다. 요6:44

결국 사람은 자신의 의지에 앞서 하나님의 선택과 이끄심이 있어야

구원의 길로 인도된다는 것을 알 수 있습니다.

어느 누구나 가능하지만 하나님의 이끄심이 필수입니다.

그러므로 예정된 것도 맞고,

모두가 구원받을 수 있는 것도 맞는 개념입니다.

46

천사에게는 구원의 기회가 없다

인간은 죽음을 피할 수 없게 됐지만 더 좋은 것을 얻었습니다.
바로 죽었다가 부활하여 천국에 가는 특권입니다.
하지만 천사들에게는 용서받고 구원받을 방법이 없습니다.
그들은 죽지 않는 존재이기 때문입니다.
대신 죽어줄 존재도 없고, 죄의 값을 대신할 어떠한 룰도 없습니다.
그래서 그들은 회개하지 않습니다.
영원한 심판까지 마귀의 천사들은 하나님이 아끼시는 인간을 속여
지옥으로 끌고 가고, 하나님의 진노를 살 것입니다.

47

마음을 여는 문의 손잡이는 안쪽에...

예수님은 매 순간 사람들의 마음에 다가가
문을 열고 복음의 좋은 소식을 받아들이라고 외치십니다.
예수님은 문 밖에 서서 두드리십니다.
그리고 누구든지 내 음성을 듣고 문을 열면 내가 그에게로 들어가
그와 함께 먹고 그는 나와 함께 먹으리라고 하셨습니다. 계 3:20
그런데 예수님은 강제로 열지 않으십니다.
마음의 문은 바깥에 손잡이가 없습니다.
안에서 직접 열어야만 합니다.

48

처음 믿는 사람은 어떻게 구원받을 수 있나?

복음을 알고 예수님을 마음에 영접하고 싶다면 어떻게 할까요?
목회자의 도움도 받을 수 있지만 혼자서도 충분합니다.
다음과 같은 내용을 먼저 인정하면서 진실된 마음으로 기도하세요.
"전능하신 세상의 창조자, 주 하나님 아버지!
저는 지난날의 생각과 죄악을 회개하고 돌아서기로 결심하며,
하나님의 외아들 예수 그리스도를 믿어 나의 구주와 주님으로 받아들입니다.
성령님께서 저를 집으로 삼으시고 영원히 함께하시기를 원합니다.
예수님의 이름으로 기도합니다. 아멘."

3장. Salvation & Bible

구원에 관한 다양한 궁금증과 성경적 해답

구원에 이르는 믿음이 무엇인지,

또 이를 증거하는 성경이 과연 믿을 만한지,

구원의 속성을 알 수 있는 다양한 증거들을 소개합니다.

49

성경은 가장 완벽하고 놀라운 책

온 세상이 가장 주목하고, 가장 많이 읽히고,
가장 많은 이들이 인용하고 연구하며 소재로 삼는 최고의 책 '성경'.
이 책은 삶의 지침과 구원의 비밀은 물론
역사·문학·예언을 담고, 과학까지 알려주는 책입니다.
성경은 약 2천 년 동안 40여 명의 기록자가 각기 다른 장소와
다른 기간에 쓴 것인데도 모두 말씀에 제 짝이 있고, 조화를 이룹니다. 사 34:16
또한 책 안에서 통일성을 이루며 모순이 없습니다.
한 저자가 모든 기록자들에게 영감을 주었기 때문입니다.

50

예언을 이루는 성경 기록들

성경을 주제로 한 많은 문학작품과 영화를 보았을 것입니다.
우리로 치면 오래 전 고조선 시대에 기록이 완성된 책인데
지금도 단어까지 구분하며 세세한 연구가 이루어집니다.
다니엘서에 예언된 주요 제국들도 순서대로 모두 이루어졌습니다.
그래서 마지막 남은 기록들이 어떻게 이루어질지 관심이 쏠립니다.
요한계시록은 다니엘서를 뒷받침하면서 마지막 때의 일들을 예언했는데,
이것도 기묘하게 맞아떨어지고 있습니다.
과연 인간의 상상으로 쓴 문학작품이라면 이런 일이 가능할까요?

이스라엘의 회복을 예언한 성경의 정확성

예언 성취의 백미 중 하나는 이스라엘의 독립 사건입니다.
유대인들이 고토로 다시 모일 것은 성경에 여러 차례 예언되었습니다.
이곳에 모인 사람들만이 유대인은 아니고
온 세상에 흩어진 유대인들이 마지막에 돌아올 유대 민족이지만,
완전히 멸망해 온 세계로 흩어져 박해를 받던 민족이
거의 2천 년 만에 다시 옛 땅을 사들여 나라를 재건한 일은 전무합니다.
게다가 국가명조차 바뀌지 않았고, 정체성도 그대로입니다.
이것은 그들이 하나님의 특별한 백성임을 보여주는 것입니다.

52

유대인의 행적에 관한 예언의 성취!

유대인들을 보면 역사의 과거와 미래가 보입니다.
하나님이 그들을 뛰어나게 만드시고
그들을 통해 성경을 기록하고 보존하셨으며,
약속한 메시아를 보내 온 세상을 구원하시려는 계획을 수행 중이십니다.
교만한 유대인들은 계속 불순종함으로 하나님을 실망시켰습니다.
그들은 메시아를 거부했고, 그 결과 복음이 이방인에게 전파되어
온 세상이 복음을 듣게 되었습니다. 롬 11:11
마지막에는 그들도 회개하고 예수님을 인정할 것이 예언돼 있습니다.

53

성경의 무오성을 부인하는 것은 기독교가 아니다

설교의 황태자라 불리던 찰스 스펄전은
성경이 하나님의 완전영감을 받아 기록된 오류가 없는 말씀임을
부정하는 것은 기독교가 아닌 '새로운 종교'라고 했습니다.
이 종교는 약간 진보된 옛 신앙인 것처럼 위장하고 있다는 것입니다.
19세기 중후반에도 그런 정도였으니
지금의 상태를 스펄전이 본다면 얼마나 놀라워할지 모르겠습니다.
말씀이 곧 예수님이고, 요1:1 그분이 전지전능한 하나님이므로 빌2:6-8
말씀에 오류가 있다고 한다면 하나님 자체를 부정하는 일입니다.

54

말씀의 가치는 모든 것 위에...

사도 베드로는 이른바 변화산이라는 곳에서
예수님 곁에 구약의 위대한 두 인물 모세와 엘리야가
살아 돌아온 것을 보는 신비한 체험을 했습니다.
그런데 베드로는 이 놀라운 경험보다
더 확실한 것이 조상들이 전해준 대언의 말씀이라 했습니다. _{벧후 1:18-19}
똑같은 방식으로 보존된 성경 기록이 우리에게 있습니다.
이 말씀은 어떤 체험이나 경험이나 느낌보다
더 확실한 가치가 있는 귀한 보물입니다.

55. 정경은 어떻게 결정되었나?

개신교가 공식적으로 인정하는 성경을 정경(正經)이라고 합니다. 신구약 66권의 정경은 AD 397년 카르타고 공회에서 채택됩니다. 그 외에 가톨릭에서는 외경(外經), 위경(僞經) 등을 사용합니다. 사람이 결정한 것이 아니냐고 생각하기도 합니다만 성경은 철저히 성령을 통해 기록되고 보존된 것입니다. 예수님 부활 승천 이후 성령님이 오셔서 사람 안에 거하셨습니다. 그런 사람들이 그리스도인입니다. 이들을 통해 긴 시간 검증되고 역동적으로 역사한 책들이 섭리 속에 결정됐기 때문에 그 속에 오류가 없고 모든 논리가 가능한 것입니다.

최고의 베스트셀러 '성경'의 역사

성경은 여러 사람이 하나님의 영감으로 기록했습니다.
구약은 히브리어, 신약은 그리스어(헬라어)로,
즉 기록 당시에 세상을 지배하는 언어로 기록되었습니다
중세 암흑시대까지 로마 가톨릭은 라틴어로 미사를 거행했기 때문에
일반 백성들은 성경을 읽지도 알아듣지도 못했습니다.
그래서 루터의 종교개혁(1517)의 시작은 성경의 자국어 번역이었지요.
1611년에는 최초의 영어 신구약 완역판 『킹제임스 성경』이 등장하고,
이후 성경은 온 세상 언어로 옮겨져 오늘에 이르렀습니다.

57

어떻게 부패하지 않은 피로 태어날까?

예수님은 어떻게 인간의 혈통을 가지고 죄 없이 태어났을까요?

비밀은 '처녀 탄생'에 있습니다.

태아의 피는 어머니와 조금도 섞이지 않고,

체내의 조혈모세포를 통해 생성되기 때문에

예수님도 육신의 어머니 마리아의 피를 전혀 받지 않았습니다.

그래서 에덴동산에서부터 장차 오실 메시아는

'여자의 씨'로 예언된 것입니다. 창 3:15

처녀 탄생은 꾸며진 신화가 아니라 필연적 과정입니다.

58

예수님에 관한 메시아 예언 적중

예수님은 인류 역사 어느 시점에 오실 메시아, 즉 구원자입니다.
구약성경의 300여 가지 메시아 예언은 모두 이루어졌습니다.
아기의 모습으로 오심(이사야 9:6, BC 700년경).
베들레헴(에브라다)에서 태어나심(미가 5:2, BC 700년경).
나귀를 타고 예루살렘에 입성하심(스가랴 9:9, BC 500년경).
은 30개에 팔리심(스가랴 11:12, BC 500년경).
로마 병사들이 예수님의 옷을 취함(시편 22:18, BC 1000년경).
십자가 죽으심 후 다리뼈를 꺾지 않음(민수기 9:12, BC 1400년경) 등.

구약의 예언을 이루기 위해 일부러?

많은 메시아 예언들이 성취되자 어떤 사람들은 이상하게 여겼습니다.
그래서 예수님이 가룟 유다와 짜고 예언들을 이루기 위해
구약성경대로 했다는 '유월절 음모설'까지 주장했습니다.
하지만 그렇게 의도한 대로 하기도 어려울 뿐 아니라
도대체 무엇을 위해 한 사람은 십자가에서, 한 사람은 자살로
생을 마감한다는 것일까요?
성경과 예수님을 인정하기 싫은 고집이 만든 억지 소리입니다.
인간의 기준에서는 이해하기 어려운 기적이었음을 입증할 뿐입니다.

60

이쯤 되면 안 믿기가 더 어려운 거 아냐??

창세기 메시아 예언이 실현될 유일한 시기

예수님 탄생

십자가 처형 제도 시작됨

BC ✝ AD

↑
창조

십자가 사건

누구도 부정하기 힘든 메시아 탄생의 타이밍

실로가 오실 때까지 규(홀, 笏)가 유다를 떠나지 않는다고 했습니다. ^{창 49:10}
'실로'는 메시아, '규(홀)'는 국가의 권위를 상징하는 단장이나 패입니다.
메시아는 유대인들의 홀이 떠나기 전에 태어나야 합니다.
예수님이 태어난 뒤 AD 7년경 로마의 지배를 받게 되는데,
이로써 유다는 국가의 권위를 잃고, 로마의 십자가 사형이 도입됩니다.
돌로 쳐 죽이는 유대 방식으로는 피를 흘릴 수 없어서
죄를 제거하는 희생물이 될 수 없었겠지요.
그러니 예수님은 절묘한 시기에 예언대로 오신 것입니다.

61

메시아를 통한 구원, 구약과 신약시대의 차이

메시아 예수 그리스도가 오시기 전에는 어떻게 구원을 받았을까요?
유대인이 선택받기 전이나 후나, 유대인이나 이방인이나
누구든지 그 약속을 믿으면 구원을 받았습니다.
그리고 예수님이 오신 뒤에는 물론 그분의 십자가 속죄를 믿으면 됩니다.
예수님 이전에는 약속어음을 받듯이 구원을 받고,
예수님 이후에는 어음이 현금화 되듯이 구원이 이루어진 것입니다.
신약시대에는 이미 이루어진 일을 믿음으로써 받지요.
아담부터 마지막 사람까지, 모두 '믿음'으로만 구원을 받습니다.

62 구약과 신약시대를 구분하는 기준

대개 구약성경에 있으면 구약, 신약성경에 있으면 신약으로 간단히 생각합니다.
하지만 신약성경이라고 해도 엄밀히 말하면 초반은 구약시대이며
신약의 역사를 안내하기 위한 예비 기간이라고 볼 수 있습니다.
구약과 신약은 '상속 유언'입니다.
유언은 유언을 남기는 자가 죽어야만 발효됩니다.
그래서 예수님이 십자가에서 죽으시는 그 순간 이후부터가 신약입니다.
상속 언약에는 반드시 상속하는 자의 죽음이 있어야 합니다.
그 뒤에만 효력이 발생하는 것입니다. 히 9:16~17

3장. Salvation & Bible

63

이사야서 53장의 세세한 예언

이사야서에는 예수님이 우리를 위해 대신 고난당하실 것이 예언되어 있습니다.
그는 사람들에게 멸시를 당하며 거부되었고
우리의 고통을 짊어지고 우리의 슬픔을 담당했으며,
그가 징벌을 받음으로 우리가 화평을 누리고
그가 채찍에 맞음으로 우리가 고침을 받았다고,
우리는 다 양 같아서 길을 잃고 각각 자기 길로 갔거늘
주께서는 우리 모두의 불법을 그에게 담당시키셨다고,
이미 700년 전에 미리 본 것처럼 세세하게 예언하고 있습니다.

64

복음을 전혀 못 들어본 사람은 어떻게?

기독교가 전파되기 전 사람들은 어떻게 구원받았을까요?

무인도에 사는 사람들은 어떨까요?

어느 시대 어느 장소에 살아도 하나님의 창조물을 통해

하나님을 알고 깨달을 수 있습니다. 롬 1:20

우상을 버리고 진리를 찾으면 하나님이 만나주신다고 했지요. 신 4:29 ; 렘 29:13

하지만 그대로 죽는다면 구원받을 수 없습니다.

그들은 하나님을 떠나 뿔뿔이 흩어진 민족의 후예이기 때문입니다.

그런 사람들까지 구원받는다면 메시아 자체가 필요 없겠지요.

65

오늘도 성경에 없는 새빨간 거짓말을 퍼뜨리는 사람들.

복음을 몰라도 구원받는다는 이들이 있던데?

복음을 몰라도 구원받는다고 가르치는 이들이 있죠.
천주교의 교황도 양심에 따라 판단받는다 말하고,
유명한 목사들 중에도 착하게 살면 구원받는다 하는 이들이 있습니다.
하지만 모두 거짓말입니다. 행 4:12
그것은 하나님의 법을 인간의 방식으로 본 결과입니다.
모든 사람이 죄를 지어 하나님의 영광에 이르지 못했습니다. 롬 3:23
단 한 사람도 예외는 없습니다.
구원이 공짜지만 무임승차는 아닙니다.

하나님은 사랑이라면서…?

사랑의 하나님이라면 아무것도 몰랐던 사람들은
봐줄 수 있는 게 아니냐고요?
하나님은 사랑 이전에 공명정대하신 공의의 하나님이십니다.
죄인 모두가 조건 없이 구원받는다면
예수님이 죄를 제거하기 위해 굳이 피 흘리실 필요가 없었겠죠.
세상에서도 모든 죄를 용서해주는 것은 공평하지 않은 것이며,
모든 이를 사면하면 무법천지, 아비규환이 됩니다.
무작정 용서하는 것은 자비도, 사랑도 아닙니다.

67

양심이 율법이 된다고 하던데...?

복음을 모르는 사람은 창조주로부터 받은 양심이 작동해
그것이 자기 안에서 율법이 된다는 말씀이 있습니다. ^{롬 2:15}
하지만 율법은 구원을 가져다주는 것이 아닙니다.
율법은 죄를 드러나게 하는 거울과 같은 것입니다.
율법은 법률입니다. 법은 죄를 규정할 뿐이죠.
양심의 법과 세상의 법을 모두 지킬 수 있다면 구원자가 필요 없지만
모든 인간이 여기서 자유롭지 못하므로
구원자가 필요하다는 것을 증명해주는 것이 바로 율법일 뿐입니다.

68

하나님께 이르는 길은 단 하나

모든 종교에 구원의 길이 있다는 생각을 '종교 다원주의'라 합니다.
그들은 말합니다. 산에 오르는 길은 여러 개지만 결국 정상에서 만난다고.
우주의 절대자가 있지만 그에게 도달하기 위해
각자의 종교를 통해 믿음을 갖고 신을 추구한다는 것입니다.
그러면 자기만이 유일하다고 했던 하나님도 여러 신들 중 하나,
다른 모든 종교의 신들도 그들 중 하나라는 것일까요?
그럴 수는 없습니다. 누군가는 최고가 있거나 유일한 참 신이겠지요.
내 부모가 여럿일 수 없듯이 신은 하나뿐입니다.

69

실제 의인이 아니라 '칭의'에 의한 의인

구원받고도 여전히 죄를 짓습니다.
그러므로 구원받은 사람도 진짜 의인이라는 게 아니라
예수님의 피를 믿는 믿음을 보고 하나님이 의롭다고 쳐주시는 겁니다. 롬 8:33
그것을 '칭의(稱義, Justification)'라고 부릅니다.
그리스도인은 위치상 여전히 죄인입니다.
하지만 신분상 의인입니다.
성적은 미달이지만 특별한 조치로 학점을 취득해
졸업이 가능하게 되는 것과 같습니다.

70

구원받았는지 죽어봐야 알 수 있을까?

우리나라의 유명한 천주교 지도자에게 죽기 전에 물었습니다.
"구원받았습니까? 구원받았다고 생각하십니까?"
그는 "죽어봐야 알죠."라고 대답했습니다.
맞는 말일까요? 죽기도 전에 구원을 확신하는 것이 교만한 일이거나
하나님의 권한을 내 멋대로 판단하는 일일까요?
아닙니다. 오히려 하나님의 선물을 의심하는 것이 교만입니다.
예수님은 분명히 믿으면 구원이 즉시 이루어진다고 말씀하셨습니다. 요5:24
이미 생명으로 옮겨진 상태, 그것이 우리의 구원입니다.

구원만 받으면 막 살아도 되나?

구원만 강조하고 이후의 삶은 막장인 사람들이나
구원만 받으면 끝이라는 식의 불건전한 특정 종파 때문에
중도에 구원이 취소될 수 있다는 잘못된 교리도 나옵니다.
그리스도인은 죄를 피하도록 기도하고 노력하면서
거룩히 구별되도록 해야 합니다.
만일 그런 노력을 게을리하고 무시한다면
애초에 그 사람은 구원받은 것이 아니라는 증거일 수도 있습니다.
더 바른 삶을 살도록 노력하는 것이 구원받은 징표입니다.

72

구원받은 사람도 죄를 짓는다

전 인류에 복음을 전한 사도 바울도 때로는 육신의 죄로 절망했습니다.
그래서 그는 자신을 '죄인들의 우두머리'라고 했지요. 딤전 1:15
또한 그는 "내 지체들 안에서 다른 법이 내 생각의 법과 싸워
내 지체들 안에 있는 죄의 법에게로
나를 사로잡아 가는 것을 본다"고 했습니다. 롬 7:23
예수님도 제자들에게, 영은 준비되어 있으나 육이 약하다고 하셨습니다. 막 14:38
이것은 우리가 지닌 육신, 즉 옛사람 때문입니다.
그것이 구원을 무효화하는 것은 아니지만 고치도록 애쓸 일입니다.

73

구원받으면 달라지는 것들

구원은 거듭남, 다시 태어나는 것입니다.
아기가 태어나면 젖을 달라고 웁니다.
아기는 엄마의 젖을 먹고 매일 무럭무럭 자라납니다.
젖을 원치 않는 아기는 있을 수 없습니다.
그러므로 새로 태어난 성도는 말씀의 젖을 사모합니다.
새로 태어난 아기처럼 말씀의 순수한 젖을 사모해야 합니다.
그 젖이 있어야 성장하는 것입니다. 벧전 2:2
말씀을 사모하는 것은 구원의 뚜렷한 증거입니다.

거룩하게 구별되는 성도의 삶이란?

구원받은 그리스도인이 되면 그 다음으로는 거룩하게 구별되는 단계,

흔히 '성화'라고 부르는 단계를 거칩니다.

거룩하다는 것은 근엄하고 종교적인 것이 아니라 따로 구별됨을 말합니다.

하나님이 거룩하시다는 의미도 우리와 차원이 다름을 말합니다.

사람은 죽기까지 육신에 남은 죄성을

백 퍼센트 떨쳐버릴 수는 없습니다.

하지만 그렇다고 해서 거룩히 구별되는 과정을 포기하거나

불필요한 과정으로 생각해서는 안 됩니다.

75

구원받은 날을 기억해야 할까?

존 웨슬리라는 사람은 몇 월 며칠 몇 시 몇 분에 깨닫고 구원받았다고 했습니다.

이처럼 어떤 분들은 구원받은 날을 알아야 한다고 주장하거나 가르칩니다.

하지만 어려서부터 차근차근 신앙을 배웠거나

어른이 돼서도 깨달음이 쌓여서 특정 지점을 모르는 이들이 있죠.

또한 메모해 놓지 않는 한 시간은 정확히 모릅니다.

구원은 다시 태어나는 사건이 있었는지 여부가 중요하지,

그 날짜를 기억하는가가 중요하지 않습니다.

태어난 아기에게는 날짜보다 출생 자체가 중요한 것입니다.

귀한 간증도 타인에게 강요하면 율법적이 된다는….

구원받은 성도의 영적 오르내림

사람이 구원받았다고 해도 얼굴에 표가 나진 않습니다.
구원받고도 불안할 수 있습니다. 구원감별사가 있는 것도 아니고요.
만일 구원이 어떤 증명서를 받는 거라면
아직 육신을 입고 계속 죄를 짓는 인간들로서는
엄청난 교만과 크나큰 방종으로 이어질 겁니다.
그래서 사람은 구원을 확신하면서도 끝없이 스스로를 돌아보고
평생 자신을 다잡고 살아가도록 해놓으셨습니다.
성도의 영적 컨디션은 왔다갔다 하는 것이 오히려 정상입니다.

77

죄를 지으면 구원이 사라질까?

구원받았다는 사람이 자꾸 죄를 짓는다면 어떻게 될까요?
그 상태에서 죽는다면 그는 지옥에 갈까요, 천국에 갈까요?
진짜로 구원받은 사람이라면 그는 천국에 갑니다.
진짜로 구원받은 사람이라면 그런 엄청난 죄를 짓지 않을 거라고요?
아닙니다. 사람은 큰 죄를 지을 수 있고, 심지어 믿음의 길에서 미혹되어
방황할 수도 있지만 그런다고 구원이 번복되는 것은 아닙니다.
진짜 구원받은 사람이라면, 육신의 죽음을 포함한
징계를 받을 수는 있어도 지옥에 가지는 않습니다. 고전 5:5

78

바른 진리가 성도에게 참된 자유를 준다

복음의 가장 큰 가치는 '자유'입니다.

모든 억압과 불안과 두려움에서 벗어나는 것이지요.

그런데 하나님이 구원을 줬다 뺏었다 하신다면 참 자유가 있을까요?

아마도 두려워서 작은 일에도 벌벌 떨게 될 것입니다.

그것은 늘 쫓기고 평안이 없는 종의 삶에 불과합니다.

하나님은 우리에게 그분의 자녀가 되는 권세를 주셨습니다. 요1:12

그것은 행동이 아닌 믿음만으로 구원을 영원히 주신다는 뜻입니다. 요10:28

그래서 '진리'가 우리를 자유롭게 하는 것입니다. 요8:32

왜 구원이 취소된다고 주장할까?

받은 구원을 잃을 수도 있다고 주장하는 이들은 성경의 일부 구절을
진리인 양 일반화시켜 중대한 교리를 훼손합니다.
그래야만 무언가 하나님 앞에서 제대로 한다는 느낌이 들기 때문입니다.
구원 취소를 가르치는 사람들은 자꾸 겁을 주면서
그래야 사람들이 좀 더 심각하게 삶을 고민한다고 주장하지만
두려움 때문에 믿는 이들은 평안이 없습니다.
그러면 성도들을 질타하는 자신은 천국에 합당한 사람일까요?
그런 논리라면 세상에 구원받을 사람이 단 한 명도 없는 것입니다.

자기 의가 아니라 오직 믿음으로

구원이 중간에 취소된다면 힘들게 믿음을 유지할 필요가 있을까요?
어차피 실수하는 것이 인간인데, 죽기 직전에 믿는 게 낫겠지요.
그런데도 어느 정도 하나님 앞에서 떳떳하게 살 수 있다고
생각하는 이들은 자기 의가 강한 사람들입니다.
자신은 최소한 조금은 낫다고 여기는 교만입니다.
하지만 우리의 모든 의는 더러운 누더기와 같다고 했고, 사64:6
하나님은 죄인을 찾아오신 것입니다. 눅5:32
구원은 혈통이나 사람의 뜻이 아니라 믿음으로만 가능합니다. 요1:12-13

81

행함이 없는 믿음은 죽은 믿음이라던데?

종교개혁자 마르틴 루터도 골머리를 앓았다는 야고보서를 보면
마치 구원이 행위로 되는 듯한 착각이 생깁니다.
행함이 없는 믿음은 죽은 믿음인데, 어떻게 천국에 가겠습니까?
하지만 야고보서는 구원 교리가 아니라 삶의 지침입니다.
믿음이 있으면 작더라도 행함이 나올 수밖에 없다는 당연한 이치,
믿음의 속성을 알려주는 것입니다.
늘 그런 행함이 있지 않으면 낙오한다는 뜻이 아닙니다.
한두 구절로 '오직 믿음으로'라는 큰 줄기를 바꾸면 안 됩니다. 롬 1:17

82

자기 구원이 의심될 때…

구원받은 사람도 가끔씩 자기 구원이 의심됩니다.
도대체 나아진 것도 없고 자기 모습에 늘 실망뿐입니다.
하지만 그것은 자연스러운 일입니다.
한 번도 자기 구원을 의심하지 않는 것이 더 이상한 일이지요.
그것은 하나님을 의심하는 것과는 조금 다릅니다.
그럼에도 불구하고 그런 의심은 떨쳐야 합니다.
흔들리는 배는 배 안쪽 어딘가가 아닌 배 밖의 항구 튼튼한 곳에 묶어야 합니다.
자기 생각이 아니라 말씀에 뿌리를 내리세요.

83

> 요리 할때 레시피를 따르듯이 전 매뉴얼만 봐요. 말씀을 믿는 것이 교만일까요??

> 구원을 너무 자신하는 것도 교만이오.

구원을 확신하는 것은 교만인가?

지금 죽어도 천국에 갈 수 있느냐는 질문에 망설이십니까?

받은 구원과 그것이 유지될 것을 확신하는 것이 교만일까요?

아닙니다. 오히려 그것을 의심하는 것이

하나님의 능력과 그분의 약속, 놀라운 선물을 값싸게 만드는 것입니다.

하나님의 뜻대로 하는 근심은 회개를 이루어

다시 돌이킬 수 없는 구원에 이르게 합니다. 고후 7:10

십자가 위의 강도는 세상 죗값도 치르기 전에 구원받았습니다. 눅 23:43

즉시 이루어지고 다시 돌이킬 수 없는 것이 구원입니다.

84

꼭 교회를 다녀야 하나?

예수님을 믿고 정말 구원을 받았다면 교회에 안 가도 됩니다.
하지만 정말 구원받은 사람이 세상 속에서
세상 사람들하고만 섞여 살고 싶을까요?
구원받으면 말씀을 사랑하고 세상 것을 점점 멀리하며,
함께 하나님을 섬기는 형제자매들과 교제하는 것을 기뻐합니다.
교회가 실망스러운 것도 사실이고, 불편할 때도 있지만
결국은 모여서 한 몸을 이루게 됩니다.
계속 세상에만 머물고 싶다면 구원을 점검해봐야 합니다.

4장. Christianity & Religion

기독교 기타 지식과 타 종교를 통한 증거

왜 기독교만이 진리라고 하는 것인지,

기독교의 다양한 교리에는 서로 부딪히는 모순은 없는지,

타 종교와의 비교를 통해 알아봅니다.

85

왜 에덴동산에는 선악과가 있었나?

선악을 알게 하는 나무의 열매가 없었다면,
그리고 뱀이 없었다면 사람이 죄를 지어 타락하지 않았을 텐데
왜 그것들을 만드시고 인간을 함정에 빠뜨리셨느냐고요?
금기 없는 자유가 진정한 자유일까요?
막는 자도 없고 뭐든 할 수 있다면 인간이 하나님을 존중하고 인정하는지
알 수 없으며, 오히려 혼란과 방종의 상태가 되고 맙니다.
수만 가지가 다 자유이고, 딱 하나만 손대지 않으면 되는
선악과는 참 자유를 위한 최소한의 장치였을 뿐입니다.

86

왜 마귀의 타락을 방치하셨을까?

사탄 마귀(루시퍼)는 원래 가장 고귀한 존재인 그룹(cherub)으로 겔 28:14
하나님의 보좌를 나르던 천상의 존재였습니다(천사장 아님).
그런데 그는 교만함으로 하나님 자리를 넘보다 지상으로 추락하고 맙니다.
하나님은 왜 그의 도전이 가능하도록 방치하셨을까요?
진정한 자유는 모든 것에 대한 자유입니다.
범죄자를 풀어줄 때는 그가 다시 죄를 지을 것까지 염두에 둔 허용입니다.
하나님을 버릴 자유까지 주어져야 존귀한 인격체가 됩니다.
불행히도 루시퍼는 자유를 잘못 사용한 것입니다.

87

사람은 정해진 대로 사는 로봇인가?

성경의 역사를 보면 중대한 일들이 자로 잰 듯 이루어집니다.
마지막에 등장할 적그리스도까지 예언대로 이루어질 겁니다.
그런데 중요한 것은, 사건은 세세히 등장하지만 그것을 이룰 사람의
신상은 전혀 거론되지 않는다는 사실입니다.
주님을 은 서른 개에 팔아넘길 자가 가룟 유다일 필요는 없습니다. 슥11:12
유대인이라고 다 주님을 배반해야 할 운명이 아닙니다.
누군가는 적그리스도로 마귀에게 이용당하겠지만 그게 나일 필요는 없습니다.
성경은 사건만을 말하고 사람을 지목하지는 않으니까요.

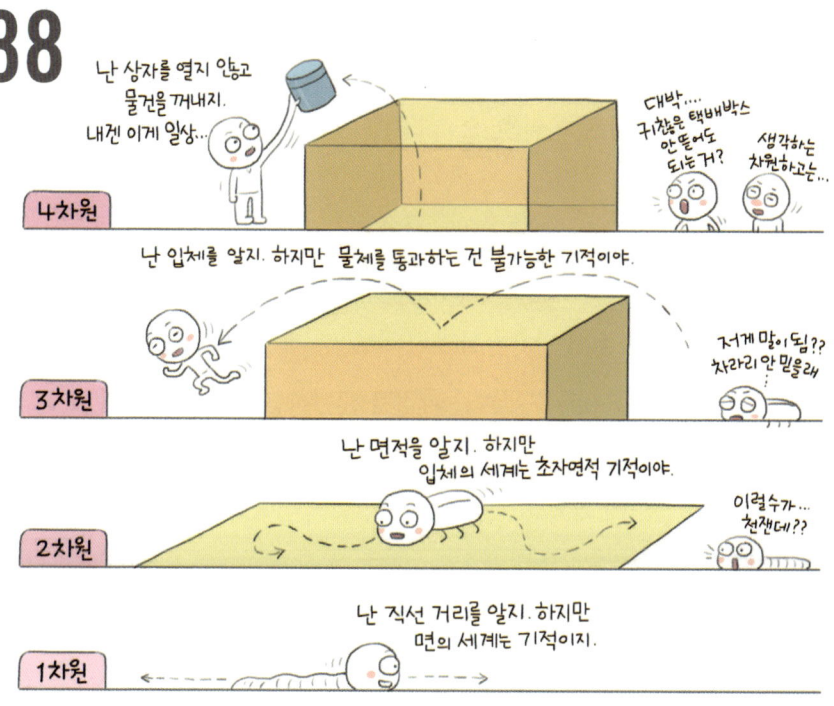

기적이란 무엇인가?

성경에는 많은 기적이 나옵니다. 너무 놀라워서 믿지 않는 이들도 있죠.
하지만 기적은 다른 차원에서의 평범한 일상에 불과합니다.
직선밖에 모르는 동물에게 물체를 뛰어넘어 다니는 동물은
사라졌다 나타났다 하는 기적의 존재입니다.
마찬가지로 물체가 장애물이 되는 삼차원의 존재에게
공간을 넘나드는 사차원의 존재는 기적입니다.
그리고 시간조차 뛰어넘어 편재하는 전지전능하신 존재의 평범한 일상은
인간의 좁은 머리로 아예 가늠조차 어려운 것입니다.

89

그리스도인이 믿음을 시인하는 의식, 세례(침례)

세례(침례)는 예수님이 명령하신 중대한 규례입니다. 마 28:19~20

세례(baptism=침례)는 푹 담근다는 말에서 나온 것으로 온 몸을 물에 완전히 담그면서 옛사람의 죽음, 무덤에 매장, 그리고 새 생명으로 주님을 따라 부활하는 과정을 재현하는 것입니다.

믿지도 않는데 세례 자체가 생명을 가져다주는 것이 아니고, 반대로 믿었는데 세례를 안 받았다고 구원이 안 되는 것도 아닙니다. 세례는 믿는 사람이 자기 믿음을 시인하고 서약하는 과정일 뿐이며, 누구나 물이 있으면 먼저 믿은 사람과 함께 거행할 수 있습니다.

옛사람의 **사망**

예수님처럼 **매장**

새 생명의 **부활**

90

주의 만찬, 예수님을 기념하고 기억하는 일

주의 만찬은 세례(침례)와 함께 주님이 명령한 또 하나의 규례입니다. 눅 22:19~20
이스라엘이 이집트를 탈출하던 유월절에 빵을 발효시킬 시간이 없으므로
누룩을 넣지 않고 구운 빵을 먹도록 한 하나님의 말씀에 따라
유월절 어린양 되시는 예수님을 기념하는 일입니다.
함께 누룩이 들지 않은 빵을 떼며 주님이 우리를 위해
살이 찢기도록 고통당하신 것을 영원히 기억하고,
역시 누룩(알코올)이 들지 않은 포도즙을 먹으며 주님이 우리를 위해
아낌없이 흘려주신 피를 기념하고 기억하는 과정입니다.

돈, 맘몬이라 불리는 우상

무생물인 돈 자체가 처음부터 나쁠 수는 없겠지요.
하지만 그것을 잘못 이용하는 사람은 모두 많고 적게 악합니다.
그래서 '돈'이 아니라 '돈을 사랑함'이 모든 악의 뿌리이며, ^{딤전 6:10}
부자가 하나님의 왕국에 들어가는 것은 낙타의 바늘 귀 통과처럼 어렵다는 것이죠.
재물은 인격화되면 맘몬(Mammon, 마몬)이라는 신으로 불립니다.
그래서 사람을 자기에게 굴복하게 만듭니다.
하지만 사람은 두 주인을 섬길 수 없습니다. ^{마 6:24}
하나님을 사랑하려면 물질에 대한 욕심을 줄여야 합니다.

92

질투하시는 하나님?

우상은 아이돌(idol)입니다. 신의 자리를 차지하고 있는 것,
하나님보다 사랑하는 모든 것이 우상입니다.
사람부터 동물, 일월성신, 우주의 모든 것, 심지어 아무 능력도 없고,
보거나 듣지도 못하는 나무토막과 돌 덩어리들도 있습니다.
취미나 철학, 이념, 과학 등을 신봉하기도 합니다.
하나님은 영광을 받으시기 위해 인간을 창조하신, 질투하시는 분입니다. 출34:14
다른 신이 정말 존재한다는 의미가 아닙니다.
하찮은 미물들을 섬기고 있는 인간의 어리석음에 경고하시는 것입니다.

4장. Christianity & Religion

93 천주교의 십계명은 왜 성경과 다를까?

기독교(개신교)의 십계명과 천주교의 십계명을 비교해보셨습니까?
똑같이 10개지만 구성은 다릅니다.
천주교에는 '우상을 두지 말라'는 계명이 없습니다.
둘째 계명을 빼버리고 하나씩 위로 올립니다.
그리고 열째 계명을 둘로 나누어 총 10개를 만듭니다.
천주교는 마리아와 예수상에 절도 하고 성인들에게 기도도 합니다.
그러니 우상을 두지 말라는
둘째 계명을 뺄 수밖에 없었던 것이지요.

성경의 십계명	천주교 십계명
1. 다른 신을 두지 말라	1. 한 분이신 하느님을 흠숭하여라
2. 우상을 섬기지 말라	
3. 하나님의 이름을 헛되이 부르지 말라	2. 하느님의 이름을 함부로 부르지 말라
4. 안식일을 지키라	3. 주일을 거룩히 지내라
5. 부모에게 순종하라	4. 부모에게 효도하라
6. 살인하지 말라	5. 사람을 죽이지 말라
7. 간음하지 말라	6. 간음하지 말라
8. 도둑질하지 말라	7. 도둑질을 하지 말라
9. 네 이웃에 대하여 거짓 증언하지 말라	8. 거짓 증언을 하지 말라
10. 네 이웃의 소유를 탐내지 말라	9. 남의 아내를 탐내지 말라
	10. 남의 재물을 탐내지 말라

뭐 하자는….

94

왜 천주교는 제사를 지낼까?

명절이면 제사를 지내는 친척들 사이에서 크리스천들은 고민합니다.
천주교도 과거에는 성경에 따라 제사를 허용하지 않았습니다.
그래서 신해박해(1791)부터 천주교(서학) 신자들이 순교한 것입니다.
천륜을 저버리는 몹쓸 자들이라는 이유였습니다.
그러나 1939년부터 교황이 훈령으로 제사를 허용했습니다.
그럼 전에 죽은 사람들은 무엇을 지키려고 죽었는지….
성경에 따라 권위를 부여받았다는 교황이 성경보다 위에 있는 '종교',
그것이 로마 가톨릭입니다.

마리아가 하나님의 어머니?

마리아는 메시아를 잉태하고 출산한 복받은 여인으로
다윗의 혈통을 이어받은 현숙한 여성입니다.
그러나 그녀도 우리와 똑같은 죄인입니다.
예수님이 하나님이라고 그녀가 하나님의 어머니가 되는 것은 전혀 아니죠.
예수님은 공생애 시작 때 마리아가 물로 포도즙을 만들라고 주문하자,
"여자여, 내가 당신과 무슨 상관이 있나이까?"라고 하셨습니다. 요2:4
물론 그 후에 순종하셨지만, 정식 사역을 시작하시면서
마리아의 정체성을 모두에게 알려주신 것입니다.

마리아 관련 주요 신성모독 교리

천주교에서는 마리아가 죄 없이 태어났다고 합니다('무염시태' 교리).
또한 '평생 동정녀'설을 주장합니다.
하지만 요셉과의 사이에 예수님의 동생들이 있었습니다.
예수님과 '공동 구세주' 교리도 있습니다.
그리고 죽음을 보지 않고 구름을 타고 예수님처럼
하늘로 올라갔다는 '몽소승천' 교리가 있습니다.
이 모두는 성경에 전혀 없는 것이지요.
천주교 교리는 교황이 후대에 제정·수정·폐기하는 등 수시로 바뀝니다.

97

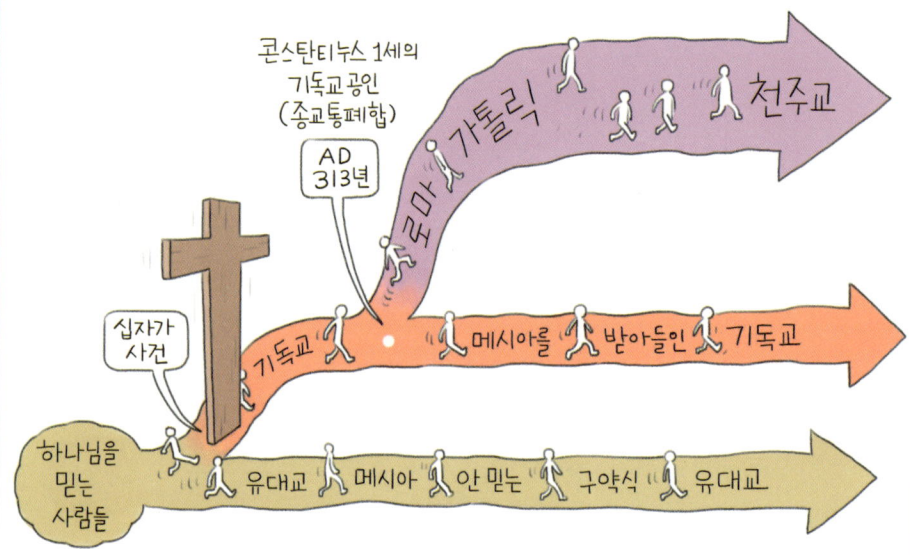

기독교의 뿌리는 천주교 아닌가?

기독교는 예수님을 따르던 유대인들이 시작한 것입니다.
유대교의 하나님과 같은 하나님을 믿는 것인데,
유대인들은 예수님을 아직 메시아로 받아들이지 않은 상태입니다.
기독교 신앙은 로마 시대에 엄청난 핍박을 받지만
통치자인 콘스탄티누스 대제가 자신이 믿던 태양신 숭배교에 기독교를 섞어
국가 교회로 만들어 허용하는데, 이것이 로마 가톨릭입니다.
하지만 이들에 굴복하지 않고
박해 속에서도 믿음을 지킨 무리들이 기독교의 뿌리입니다.

98

종교개혁, 개신교와 천주교의 관계

개신교는 16세기의 종교개혁으로 시작된 것입니다.
로마 가톨릭의 횡포와 부패로 중세는 절망적인 암흑 시대였습니다.
이에 가톨릭 사제였던 마르틴 루터는
교황과 천주교의 잘못된 교리와 행태를 지적하면서 저항하는데,
이것이 불씨가 되어 전 유럽과 세계로 퍼진 것이 개신교가 되었습니다.
개신교는 천주교의 잘못된 교리와 부패에 저항하며 나왔습니다.
그러나 종교개혁 지도자들은 천주교처럼 국가 교회를 만들기도 하는 등
아쉽게도 천주교의 색채를 다 버리지는 못했습니다.

99

성인, 성자, 성도

천주교에는 '성 아무개'라고 추대된 전설적인 성자나 성인들이 있습니다.
그러나 예수님의 제자들을 비롯해 천주교가 미화한
성인들도 어차피 우리와 똑같은 '성도', 즉 크리스천입니다.
역할이 다를 뿐 하나님과 더 가까운 특별 존재가 아닙니다.
'성 아무개'라고 부를 때의 세인트(saint)는 그냥 '성도'와 같은 말입니다.
흔히 '성자들이 행진할 때'로 많이 알려진 노래
'when the saints go marching in'도
성도들이 천국에 입성할 때의 일을 말하는 것입니다.

성인 (Saint) = 성자 (Saint) = 성도 (Saint)

100

기독교에는 무속적 요소가 없다

기독교는 아주 스마트하고 콤팩트합니다.
기독교에는 치렁치렁한 종교의식이 없습니다. 종교가 아니기 때문입니다.
우리 주 예수님이 지키라고 하신 규례는
오직 세례(침례)와 주의 만찬뿐이었습니다.
진리는 단순한 것입니다. 성경은 해와 달, 날과 시를 지키는 모든 일이
그리스도인의 자유를 억압하는 초등 원리라고 말합니다. 갈 4:9-11
종은 무서워하고 자녀는 자유롭습니다.
종교 행위는 하나님과 조금도 관련이 없음을 기억하세요.

101

이슬람의 알라가 주 하나님과 같은 신인가?

이슬람교의 교조 무함마드가 아브라함의 아들 이스마엘의 후손이라
결국 같은 하나님을 섬기는 것 아니냐고 오해하기도 합니다.
하지만 '알라'는 기독교의 하나님이 아닙니다.
무함마드는 자기가 섬기던 우상 월신(月神)을 전능한 유일신으로 만든 것이고,
그래서 고대로부터 그들의 표식이 초승달인 것입니다.
무함마드가 첫 계시를 받을 때 초승달과 별이 있었다고 합니다만.
이슬람은 경전 '꾸란'에 성경의 인물들이 나오는 등 혼란스럽긴 하지만
기독교와 아무 상관이 없는 종교에 불과합니다.

102

그래도 무함마드가 아브라함의 후손인데?

아브라함과 사라가 메시아의 뿌리인 언약의 아들을 주신다는 ^{창 17:20~21}
하나님의 약속을 기다리지 못하고 여종인 하갈을 통해 낳은 자가 이스마엘입니다.
그는 육의 아들이며, 많은 자들의 조상이 되는 복을
받을 것이라 했지만 모든 민족이 그를 대적할 거라는 예언도 있었지요. ^{창 16:12}
오늘날 그대로 이루어져 이슬람은 온 세상의 위협이 되고 있습니다.
이슬람에서는 아브라함이 하나님의 시험을 받고
이삭을 바치려 했던 일을, 아브라함이 이스마엘을 바치려
했던 것으로 바꿔치기해 놓았지만 그것은 사실이 아닙니다.

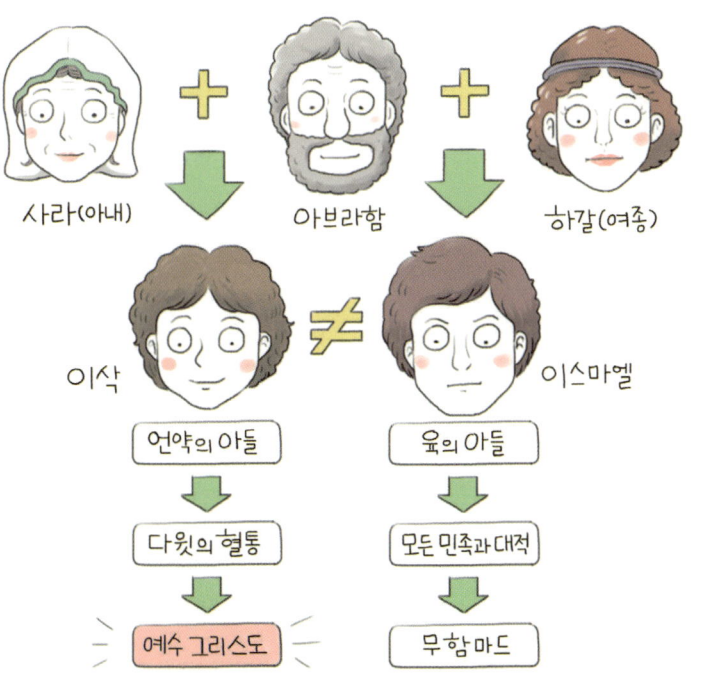

4장. Christianity & Religion

103

이슬람의 폭력성과 여성 억압

이슬람에서는 온 세상이 알라의 모스크로 창조되었다고 합니다. 비이슬람 지역이나 비교도는 닥치는 대로 점령하고 죽여도 된다는 논리가 바로 거룩한 전쟁 성전(聖戰, 지하드)의 개념입니다. 또한 그들은 부인을 4명까지 허락하고, 청소년 여성들에게 여성할례(음핵 제거)를 시행해 오직 남자의 성적 대상으로 만들며, 열 살 미만에도 결혼과 성관계가 가능한 조혼 풍습이 있습니다. 그들의 천국 교리는 여성이 그저 노리개에 지나지 않고, 돌과 총으로 규율을 위반한 여성을 공개처형 하는 등 지나치게 여성에게 불평등하다는 보고도 있습니다.

104

이슬람은 기독교를 가장 혐오한다

꾸란에는 이런 내용이 있습니다.

"마리아의 아들 예수를
하나님이라 하는 자에게
알라의 저주가 임하리라"

꾸란에서 예수(이싸)는 여섯 예언자 중
하나지만 무함마드보다 못합니다.
그들의 교리에는 유대인과
기독교인이 가는 지옥이 있습니다.
게다가 주로 유대인과 기독교인을
혐오하여 전쟁과 테러를 저지릅니다.
천주교와는 잘 지냅니다. 이상한 일이지요.

속고 있는 대다수 이슬람교도들의 영혼은
불쌍히 여겨야겠지만
이슬람교를 허용할 때
온 세상에 커다란 위협이 닥치는 것을
반드시 기억해야 합니다.

105

모든 종류의 세상 종교는 우상

하나님을 대적하는 사탄 마귀는 많은 거짓 우상 종교를 만들었는데,
하나님께 도전해 바벨탑을 쌓은 니므롯과 그의 아내 세미라미스,
그리고 니므롯의 환생으로 속인 아들 담무즈가 우상의 기본입니다.
바벨탑에서 언어 혼잡으로 흩어진 민족들은 전 세계로
자신들의 우상을 가지고 갔습니다.
이름들이 다양하지만 태양신은 니므롯이며
여신은 원래 세미라미스, 아들은 담무즈입니다.
전 세계에 어미와 새끼를 숭배하는 우상이 있으며
그것이 성모 마리아와 아기 예수로까지 둔갑한 것입니다.

106

이단에 빠지지 않으려면?

기독교에는 국내외적으로 이단으로 규정된 집단이 있습니다.
이단(異端)은 멀쩡해 보이지만 끝이 조금 다른 것입니다.
대표적으로 신천지 예수교증거장막성전, 하나님의교회(안상홍증인회),
여호와의 증인(JW), 말일성도 예수 그리스도 교회(몰몬교)
통일교, 제칠일안식일예수재림교(안식교)를 비롯해
크고 작은 이단들이 잘못된 교주와 교리를 신봉하고 있습니다.
이단보다 더 이상한데도 교세의 크기 때문에 인정되는 곳도 있으니
철저한 복음적 진리로 각자 분별하는 것이 최선입니다.

삼위일체의 원리와 구성 요소

우주는 시간, 공간, 물질의 3요소로 이루어집니다.
이 3요소는 또 다시 각각 3개의 요소로 나뉩니다.
모든 물건은 가로, 세로, 높이(두께)가 있습니다.
삼원색만 있으면 명암을 달리해 세상 모든 색을 만들 수 있습니다.
이 모두가 삼위일체 하나님의 원리가 일부 드러난 것입니다.
아버지 하나님, 아들 하나님, 성령 하나님…
이렇게 세 분이 '한 하나님'이 되시는 것이므로
'하나님은 한 분'이라고 표현하면 오해가 생깁니다.

108

삼위일체의 속성과 양태론

삼위일체는 어떤 사람이 아빠도 되고 남편, 사위도 되는
그런 원리가 아닙니다.
이런 논리는 '양태론'이라고 불리는 잘못된 교리입니다.
세 분 하나님은 각각 독립된 완전한 인격체이면서
함께 존재하시는 것이므로
인간이 다 이해하기는 어렵습니다.
세 분이 한 하나님이 되시는 원리는 모순이 아닙니다.
1 + 1 + 1은 3이지만 1 × 1 × 1은 여전히 1입니다.
혼자서는 '한 가족'을
이룰 수 없듯이
서로가 없으면 안 되는
특별한 관계가 삼위일체입니다.

109

예수님이 참 신이면서 참 인간이라는 의미

예수님은 자신을 가리켜 사람의 아들(인자)이라고 자주 말씀하셨습니다.

또한 하나님을 아버지라고 부르셨습니다.

사람이면 사람이고 신이면 신이지, 어떻게 된 걸까요?

기독교에서는 예수님을 100% 신이면서 100% 사람이라고 말합니다.

하나님과 동등하신 예수님이 온전한 인간으로 오셔서

우리와 똑같은 육체를 입고 모든 과정을 겪으셨다는 뜻입니다.

그분은 천지를 창조할 때도 함께 계셨던 '말씀'이셨고,

그 말씀이 육신이 되어 우리 안에 거하시게 된 것입니다. 요1:14

110

우리의 형편을 아시는 예수님

예수님은 우리와 다른 특수한 몸을 지니지 않았습니다. 그분은 성경 기록과 성령님을 통해 자신의 존재와 이 땅에서의 의무를 서서히 알아갔습니다. 그렇기 때문에 주님은 우리의 고통을 이해하시고 불쌍히 여기며 사랑으로 고통을 견디신 것입니다. 우리의 대제사장이 되시는 예수님은 우리의 연약한 감정을 몸소 느끼지 못하시는 분이 아니며, 모든 면에서 우리와 똑같이 시험을 받으셨지만 죄는 없으신 분이십니다. 히 4:15

4장. Christianity & Religion

111

그리스도인은 성령님의 집, 예수님의 지체

구원받은 사람의 몸은 성령 하나님의 집입니다.
하나님의 거룩한 전(殿)이 되는 것입니다. 고전 3:16
물론 육신은 아직 옛사람의 습성을 지니고 있지만, 나중에 변화될 장막입니다.
이 집의 소유권은 영영 바뀌지 않습니다.
그래서 마귀가 괴롭힐 수는 있어도 자기 소유로 만들 수는
없으므로 그리스도인은 마귀 들릴 수 없습니다.
각각 성령님의 집인 온 세상 그리스도인들의 연합체가 '교회'입니다.
각각의 지체들이 모여 그리스도의 몸을 이루는 것입니다.

112

성령의 열매 아홉 가지는 성품의 열매

성도가 되면 성령님이 임하십니다.
그런데 성도의 삶이 부실하면 성령님이 근심하십니다.
반대로 성령님으로 충만하면 아홉 가지의 열매를 거둡니다.
사랑, 기쁨, 화평, 오래참음, 자비, 선함, 믿음, 온유, 절제. 갈 5:22-23
어떤 공통점이 보이십니까?
엄청난 영적 능력과 신비한 재주… 그런 것이 전혀 아닙니다.
모두 인품의 변화이며 성품의 열매입니다.
성령 충만한 그리스도인은 지극히 정상적인 사람입니다.

113

자녀를 징계하시는 하나님

징벌과 징계는 조금 다릅니다. 징계는 사랑의 매와 같습니다.
하나님의 자녀가 사소한 것을 넘어서는 죄를 짓는다면 그를 징계하십니다.
회개를 해도 징계는 남을 수 있습니다.
만일 남에게 큰 피해를 입혔는데 쉽게 용서받는다면 공평하지 않지요.
징계가 없으면 사생아라고 했습니다. 히 12:8
아무도 남의 자식이 잘못했다고 징계하지 않습니다.
그래서 징계를 받는 것은 오히려
구원받은 자라는 증거이기도 합니다.

114

'술'은 성경이 권하지 않는 것

예수님이 마지막 만찬 때 드신 것은 포도주가 아니라 포도즙입니다.
예수님은 유월절 어린양이시므로 누룩이 든 술을 드실 수 없지요.
당시 '와인'에 해당하는 말은 포도주와 포도즙
두 가지로 사용되던 말입니다.
사이다(cider)도 원래 '과일즙'이지만 '탄산음료'라는 뜻으로도 쓰입니다.
술은 구약에서 가끔 좋은 일에도 등장하지만
술 때문에 지옥이 확장된다고 했을 정도로 주의를 경고했고, 사 5:11~14
신약에서는 전혀 권장하지 않습니다.

5장. Heaven & Hell

천국과 지옥에 관한 진실과 궁금증

천국과 지옥은 사람의 상상이 아니라

실제로 존재하는 공간인가?

실존하는 천국, 지옥, 마귀 등에 관해 알아봅니다.

115

천국 지옥 간증, 믿을 만한가?

동영상 사이트에 보면 엄청나게 많은 천국 지옥 체험 간증이 있습니다.
임사상태에서 보았다는 사람부터 꿈으로 본 사람,
환상으로 보았다는 사람까지 다양합니다. 이런 것을 믿을 수 있을까요?
이것은 다 가짜라고 보시면 됩니다.
어떻게 갔다 온 사람마다 묘사가 다 다를까요?
진짜 천국과 지옥에 다녀왔다면 같은 걸 보고 왔어야지요.
화제의 베스트셀러가 되고 영화로도 만들어지지만
시간이 지나면 가짜로 드러나는 일이 전부입니다.

116

천국과 지옥은 마음의 상태인가?

어떤 이들은 마음의 평안이 천국이고
육신과 정신의 고통이 지옥이라고 이해하기도 합니다.
하지만 천국과 지옥은 막연한 심리 상태가 아닙니다.
또한 착하게 살라는 뜻으로 만들어낸 가상의 세계도 아닙니다.
성경은 분명히 천국을 새 하늘과 새 땅으로,
지옥을 불 호수(불못)로 특정한 장소라고 말씀합니다. 계 20:14
지금과 다른 차원이지만 영원한 시간 속에서
즐거운 삶을 살거나 끔찍한 고통을 당하는 것입니다.

117

천국은 참된 평안이 있는 곳

천국에 간다 해도 가족이 아직 땅에 있거나 지옥에 갔다면
가슴이 아플 텐데 어떻게 마음 편히 혼자 행복할 수 있느냐고 합니다.
하지만 천국에서는 이런 문제도 해결될 것입니다.
그 원리와 과정은 우리가 예상하기 힘들지만,
새 하늘과 새 땅에서는
하나님이 성도들의 눈에서 모든 눈물을 씻기신다고 했고
그들을 치유하는 나무도 있다고 했습니다. 계 22:2
하나님께서 우리의 아픈 기억과 마음을 어루만지실 것입니다.

118

천국 가면 아예 다른 사람이 되는 걸까?

이전 것을 기억 못한다면 우리는 아예 다른 존재가 될까요?
성경은 자세한 답을 주지 않지만,
천국에서는 결혼도 없고 지금과 많이 다를 것은 분명합니다. 막12:25
하지만 각자의 고유한 정체성은 그대로이며 땅에서의 이름도 그대로입니다.
세상에 잠시 다시 왔던 엘리야나 모세도 그대로였지요. 눅9:30
그래서 모두 죽은 사람들이지만 하나님은 여전히
아브라함과 이삭과 야곱의 하나님이며
죽은 자의 하나님이 아니라 산 자의 하나님인 것입니다.

119

지옥은 기억이 되살아나는 고통이 있는 곳

인간에게 가장 안타까운 것은 후회의 고통입니다.

가능했었는데 아쉽게 놓친 것은 너무나 안타깝죠.

나의 오판으로 그리 됐다면 더욱 마음이 쓰라릴 것입니다.

지옥은 믿지 않은 후회, 듣지 않은 후회가 남아

땅을 치며 후회해도 소용없는 곳입니다.

이 땅에서의 시간이 모두 끝나고 나면 다시 기회는 없습니다.

그래서 그들은 끝까지 회개하지 않고

지옥에서도 하나님을 저주할 것입니다.

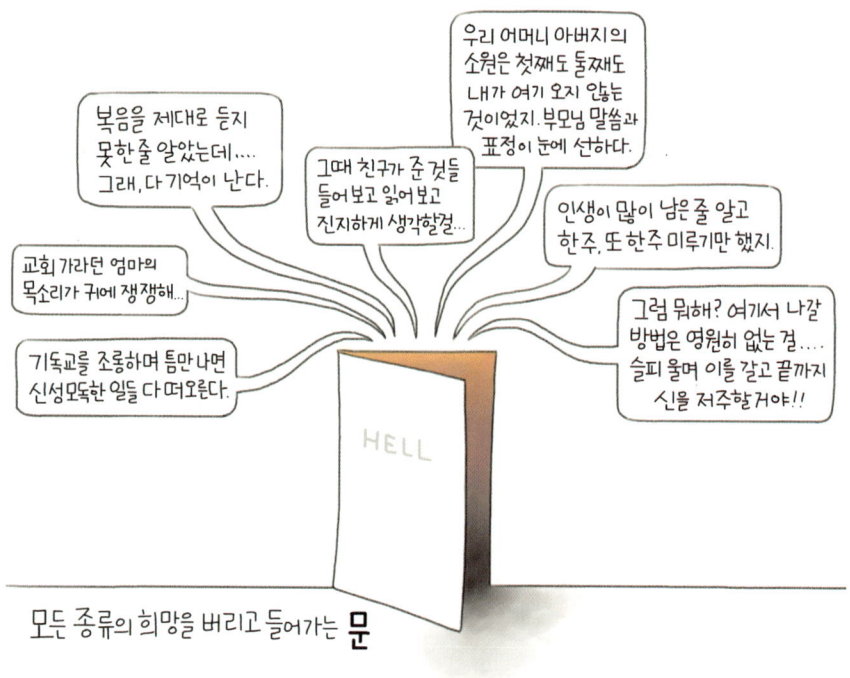

모든 종류의 희망을 버리고 들어가는 문

120

지옥에 가는 단 하나의 이유

죄를 지을 수밖에 없는 존재인데, 죄가 있다고 지옥에 간다면 좀 억울하지요.
수영은 하되 물을 묻히지 말라는 것과 비슷하다고 할까요.
하지만 하나님은 이런 처지의 인간이 짓는 사사로운 죄 때문에
그들을 지옥에 보내시는 것이 아닙니다.
살 수 있는 길을 주셨는데 거부하는 것, 하나님의 호의를 거절하고
의심하며 믿지 않는 것만이 지옥에 가는 사유가 됩니다.
궁극적인 죄는 사람들이 하나님을 믿지 않는 것입니다. 요 16:9
구원의 선물을 거부하는 것이 결정적 사유인 것입니다.

121

마귀는 고소하는 자

마귀는 하나님께 사람들을 모함합니다. 의인 욥의 시험도 그의 고소로 시작되는데, 환난이 오면 욥의 진면목이 드러날 거라고 해서 하나님은 욥의 목숨만 빼고 시험해보라고 허락하십니다. 마귀의 말대로 하신 것이 아니라 그가 틀렸음을 보이기 위한 것이지요. 마귀는 우리들도 하나님께 고소하고 고발합니다. "저 자는 구원받을 자격도, 구원할 가치도 없는 자입니다"라고요. 하지만 예수님이 끊임없이 우리를 변호하시고 중보해주십니다. 하나님은 마귀보다 우리를 더 잘 아십니다.

122

마귀는 속이는 자

사탄 마귀에게는 밝은 미래가 없습니다.
그는 때가 되면 영원한 지옥에 묶일 자입니다.
하지만 그때를 알 수 없고 여전히 교만해서 어떻게든 상황을 뒤집으려고
메시아가 오시는 길을 끝없이 방해해 왔습니다.
이제 종말은 다가오고 패색이 짙어지자 인류에게 화풀이를 하면서
한 사람이라도 더 지옥으로 끌고 가기 위해 울부짖고 있습니다.
하나님의 형상대로 만들어져 가장 큰 사랑을 받는 인간을 멸망시켜
하나님께 더욱 대적하고 복수하기 위함입니다.

123

왜 사랑하는 인간을 지옥에 보내실까?

지옥은 하나님이 보내시는 게 아닙니다.
인간은 죄 가운데에서 태어납니다.
신분을 바꾸지 않으면 천국에 갈 수 없는데,
인간이 예수님을 인정하지 않으면 스스로 마귀에게 소유권이 남아
지옥을 선택하는 꼴이 되는 것입니다.
지옥은 인간을 위한 장소가 아니라 마귀를 위해 만든 형벌 장소입니다.
주님은 저주를 받은 자들에게, 내게서 떠나 마귀와
그의 졸개들을 위해 예비된 영원한 불로 들어가라고 하십니다. 마 25:41

124 신이 있다면 왜 악한 자를 그대로 두나?

정의의 하나님이라면서 왜 세상에는 악한 자들이 판을 치고
착한 사람들이 억울하게 죽는지 궁금하다고 합니다.
이에 대해 예수님은 알곡과 가라지 비유로 설명하셨습니다.
때가 되면 잡초는 불사르고, 알곡은 곡간에 들이신다고요.
섣불리 처리하려고 잡초를 제거하다가
애꿎은 알곡까지 다칠 수 있기 때문입니다. 마 13:29-30
어떤 악인일지라도 가족이 있고 그들이 땅에서 갚을 것이 있습니다.
무작정 그들을 단죄하면 엉뚱하게 상처를 입는 사람이 생깁니다.

5장. Heaven & Hell · 151

천국은 절대평가, 자격 취득 과정이다

천국 입성을 대입수능평가처럼 생각해선 안 됩니다.
천국은 남을 밟고 올라서서 들어가는 곳이 아니지요.
내가 아무리 잘해도 고득점자가 많으면 떨어지는 방식이 아닙니다.
구원은 평등하게 어떤 자격을 주는 과정입니다.
법을 지키기로 하고 출판 등록을 하면 누구나 책을 만들 수 있듯이
특정 요건만 갖추면 되고, 많이 몰려도 문제가 되지 않습니다.
천국은 믿기만 하면 누구나 입장 가능한 곳으로
상대적 평가가 아니라 절대적 평가를 하는 곳입니다.

천국에서의 보상은 성과급이다

일생을 보내고 천국에 가면 심판이 있습니다.
죄에 대한 심판이 아니라 삶에 대한 회계보고입니다. 벧전 4:5
잘한 일이 있으면 상을 받고, 특별한 것이 없으면 구원만 받습니다.
물론 이것은 헌금이나 종교 활동이 아니라
하나님과 이웃을 내 몸과 같이 사랑한 삶에 관한 일일 것입니다.
천국은 자기 힘으로 못 가기 때문에 특정 절차만 밟으면 다 받아주십니다.
하지만 각기 노력이 다르므로 상은 달라야 공정합니다.
마치 조금 더 노력해서 열매를 거둔 직원에게 주는 성과급과 같습니다.

127

천국에도 빈부의 격차가 있나?

천국과 지옥 간증자들 중에는, 헌금을 많이 낸 교인들은
대궐에 살고, 아닌 사람들은 초가집에 산다고 말하는 이들이 있습니다.
누구는 면류관을, 누구는 개털모자를 쓴다고도 하지요.
이왕 갈 거면 가서 떵떵거리고 살아야 할 것 아니냐고 합니다.
그러면 천국에도 양극화가 있고, 빈부격차가 있나요?
이것은 지극히 현세적인 생각입니다.
천국에서는 시기, 질투 등 죄가 없기 때문에 남이 잘돼도 배가 안 아픕니다.
땅의 차원으로 천국을 왜곡하는 말들을 조심하세요.

128

죄의 크기도, 그에 따른 형벌도 다르다

흉악범과 보통 사람이 하나님 보시기에는 다 죄인이라 해도
같은 벌을 받는다면 조금 이상한 일입니다.
그래서 성경에도 죄마다 크기는 다르다고 합니다.
예수님을 팔아넘긴 자가 단지 사형을 집행한 빌라도보다
더 큰 죄가 있는 것입니다. 요 19:11
이는 더 큰 죄를 지은 자의 지옥 심판이 더 크다는 것을 의미합니다.
지옥은 어차피 고통스러운 곳일 수밖에 없지만
하나님의 기준이 합리적이라는 것은 꼭 이해해야 합니다.

첫째 부활과 둘째 부활

모든 사람은 부활합니다.
성도는 죽었다가도 천년왕국 때 부활해 주님과 함께 통치하게 될 것입니다.
이것이 영광의 첫째 부활입니다.
그 이전에 그리스도의 심판석에서 보상의 심판이 있습니다.
천 년이 다 지나면 새 하늘과 새 땅으로 영구 이주하게 되는데
이때 지옥의 불신자들이 부활합니다. 이것은 정죄의 부활입니다.
이들은 이른바 흰 왕좌(백보좌)의 심판을 거쳐
영원한 지옥으로 옮겨지는데, 이것이 둘째 부활입니다.

130 다시, 사람은 어디로부터 와서 어디로 가는가?

이제 이 책의 맨 처음 질문의 답을 얻으셨나요?
사람은 누구이며, 어디로부터 와서 어디로 가는 것입니까?

사람은 하나님의 형상으로 창조된 귀한 인격체입니다.
사람은 하나님으로부터 와서 아담을 통해 이 땅에 왔습니다.
그렇게 주어진 한 번의 인생에서 크고 작은 주님의 빛을 받고
자유의지로 하나님을 받아들이거나 거부합니다.
구원받고 다시 태어난 사람은 천국으로 갑니다.
그리고 구원의 선물을 거절한 사람은 마귀의 처소인 지옥으로 갑니다.

당신은 어떤 길에 서 있습니까?
주님의 이끄시고 도우시는 은혜가 함께하기를 바랍니다.

에필로그

　이번 책은 원고 집필에 긴 시간이 걸리진 않았지만 그림을 그리는 데 많은 시간이 필요했습니다. 어떻게 하면 그림을 통해 더 쉽게, 또 적절하게 내용을 드러내고, 짧은 글귀에서 다 설명하지 못한 것들을 보완할지 고민이 많았습니다.

　특히 고심한 그림은 '지옥은 기억이 되살아나는 고통이 있는 곳'(119번)이라는 내용이었습니다. 불타는 지옥에서 신음하는 사람들의 실루엣을 그리다가 도저히 표현할 수가 없어서 포기했습니다. 그 고통당하는 자들이 이웃과 친구와 가족이 될 수도 있는데 어떻게 아무렇지 않게 쉽사리 표현하겠습니까….

　그래서 문 하나만 그리고 안쪽에 불의 느낌만 표현했는데, 그 문이야말로 모든 희망을 버리고 들어가는 문입니다. 단테의 『신곡』에 나오는 지옥의 문에는 이런 글귀가 있습니다.

"여기에 들어오는 자, 모든 희망을 버려라."

하나님의 심판은 공정하고, 모든 입을 막을 정도로 아무도 이의를 제기할 수 없습니다. 하나님이 모든 것의 주인이라 그분 마음대로 하신다는 뜻이 아닙니다. 하나님은 오히려 경고한 것보다 오래 참고 기다리시며, 역사를 늦추시면서까지 기회를 주시는 분입니다.

그렇기 때문에 천국에 가는 모든 사람은 자신의 공로 없이 믿음만으로 얻은 놀라운 영광에 하나님을 찬양하고, 지옥에 가는 모든 사람은 항소나 이의제기를 할 수 없을 정도로 많은 기회를 차버린 자신들의 과거를 후회하며 모든 종류의 희망을 버리고 그 문으로 들어가야 합니다.

그곳에는 후회만 있지 회개와 뉘우침은 없습니다. 속인 자는 마귀였는데도 더는 희망이 없으므로 그들은 계속 하나님을 원망할 것입니다. 마귀는 어차피 자기 처소에 영원히 갇힌 무력한 신세이고, 자신들을 심판하시는 분은 하나님이기 때문입니다. 결코 그 문으로 들어가서는 안 될 것입니다!

　아무리 전해도 점점 믿음을 떠나는 이들이 늘고 새로 믿는 사람도 많지 않습니다. 반면에 믿고 싶어도 여건이 안 되는 사람들이 있고, 마땅한 교회를 찾지 못하는 사람들도 많습니다. 그래서 교회들도 점점 문을 닫고, 이단 교회로 넘어가기도 합니다.
　특히 젊은이들과 학생들의 방황이 심각합니다. 그들은 말씀의 기근에 지친 것입니다. 교회에서는 흥미와 다른 요소로 그들을 붙잡으려 하지 말고 기본으로 돌아가 철저히 교리를 가르치며 하나님의 말씀 안에서 치열하게 고민하고 토론하도록 이끌어야 합니다. 그들의 영혼 깊은 곳에서 바라는 것은 재미나 말초적 유익이 아니라 하나님을 찾아가는 것이기 때문입니다.
　성경 말씀의 정확성과 능력, 하나님의 실재, 예수님의 구속, 성령님의 역사, 천국과 지옥의 실존, 그리고 창조의 사실성을 바르게 알도록 지속적으로 알려야 합니다.
　주 예수 그리스도는 언제든 열려 있는 '양들의 문'입니다. 구원도, 복음도, 진리도 어려운 것이 아닙니다. 남녀노소 누구나 생각할 힘만 있으면 깨닫고 주님을 향해 문을 열 수 있습니다. 마음의 문을 열고 예수님을 받아들이고 인정하십시오. 그러면 천국의 문이 열릴 것입니다.

　마귀에게 속아 지옥 문 앞을 서성이는 이들이 양들의 문이 되시는 예수님을 구주와 주님으로 받아들여 천국을 소유하고, 이 땅에서도 진정한 평안과 행복을 누리게 되기를 진심으로 바랍니다.

> 내가 문이니 누구든지 나로 말미암아 들어가면 구원을 받고
> 또는 들어가며 나오며 꼴을 얻으리라
>
> (요 10:9)

실전활용법

불신자 · 초심자들의 '자주 묻는 질문'에 답하기

불신자들이 기독교를 공격할 때나 처음 믿은 분들이 궁금해하면서 자주 묻는 질문이 있습니다. 아마도 인간의 가장 원초적인 문제들이 많은 것 같습니다. 한 번 살펴볼까요?

기억도 안 나는 원죄를 내가 왜?

많은 사람들이 아담을 알지도 못하고 전혀 실감할 수 없는데, 그가 인류의 조상임을 인정한다 해도 어떻게 그가 지은 죄 때문에 나까지 지옥에 가야 하느냐고 억울하게 생각합니다.

먼저 이해시켜야 할 부분은 아담의 죄 때문에 연좌제 식으로 벌을 받는 것은 아니며, 그것은 공평하신 하나님의 뜻이 아니라는 사실입니다. 그럼에도 불구하고 '아담 때문에'라는 것이 어느 정도는 맞는 말이기도 합니다. 그의 죄로 인간은 한계를 지닌 존재가 되면서 부패한 피를 지녀 죄를 안 지을 수 없는 존재가 되었기 때문입니다.

하지만 무조건 다 지옥에 간다는 개념과는 다릅니다. 아무 죄도 짓지 않는다면 그 사람은 지옥에 가지 않기 때문입니다. 성경은 어린아이가 지옥

　에 가지 않는다고 말씀합니다. 모두가 동의하지 않을지라도 이것은 분명 성경적인 해석입니다. 대개 이집트를 탈출한 이스라엘 백성들 중 심지어 모세도 가나안에 못 들어가고, 단 두 명 여호수아와 갈렙만이 가나안 땅을 밟은 것으로 알지만 사실은 철없는 어린 자손들은 모두 들여보내 주셨습니다(민 14:30~31).

　이런 원리를 따라 하나님은 스스로 알고 짓는 죄에만 책임을 묻습니다. 결국 인간은 자기 죄 때문에 지옥에 가는 것입니다.

　여기서 기본 전제를 알아야 하는데, 인간은 생명을 지녔다가 일부가 지옥으로 버림받는 것이 아니라, 모두 죽음을 예약한 상태에서 태어나 일부가 생명으로 옮겨지는 것이라는 사실입니다.

　그러므로 스스로 하나님 편에 서지 않는 모든 자는 그 자체가 결정적 죄가 되어 지옥 백성이 되는 것입니다. '원죄'라는 단어는 성경에 없어도 분명히 존재하는 것이지만, 그것이 '내가 죄도 안 짓는데 무조건 지옥으로 데려가기 위한 굴레'는 절대 아니라는 것을 잘 알릴 필요가 있습니다.

왜 자유의지를 줘놓고 선악과와 뱀을 만드셨을까?

자유의지 또한 얼른 이해되지 않을 만한 부분입니다. 어차피 유혹의 대상인 선악과와 간교한 뱀이 있어서 인간이 속는다면 나락에 빠질 수밖에 없는데, 자유의지는 무용지물이 아니냐는 것입니다. 그리고 하나님이 다 다스리는데 인간의 자유의지는 허울 좋은 선심에 지나지 않는 것이 아니냐고 묻기도 합니다.

마귀도 창조물입니다. 그렇다면 하나님은 마귀를 왜 만드셨을까요? 인간을 꾀어 멸망시키게 하려는 것이었을까요? 물론 아닙니다. 마귀는 스스로 타락한 것입니다. 여기 자유의지의 비밀이 있습니다.

자유란 무엇입니까? 방에 가둬놓고 자유를 준다고 하면 그를 기만하는 것입니다. 우리가 범죄자를 풀어 줄 때는 그가 다시 다시 범죄를 저지를 것까지 감안한 상태에서 판결하는 것입니다. 이것이 인격체의 기본 조건입니다. 자녀를 가둬놓고 사육할 수 없고, 자유롭게 키워야 비로소 인격체가 됩니다. 그러나 어떤 자녀는 부모를 해치기도 합니다. 하지만 이런 반역까지 할 수 있어야만 그는 비로소 진정한 자유의 몸인 것입니다.

마귀도 아름다운 존재였고, 천상의 뛰어난 존재였습니다. 그에게는 하나

님께 충성할 자유, 하나님과 사랑의 관계 속에서 기쁨을 누릴 자유도 있었지만 하나님보다 더 높아지고픈 자유의지를 따라 반역의 길로 들어선 것입니다.

사람도 마찬가지입니다. 선악과는 많은 자유를 진정한 자유가 되게 하는 극히 작은 금기에 지나지 않았습니다. 모든 것을 할 수 있는 것은 자유가 아닙니다. 자유이용권을 들고 놀이동산에 들어간 사람에게 누군가가, '무엇이든지 타라고' 선심을 쓰면 비웃을 것입니다.

결핍은 자기가 누리는 것의 소중함을 알게 합니다. 부족한 것 없이 자란 사람일수록 감사가 없는 법입니다. 사회에 금기가 없다면 그곳은 아비규환이 될 것입니다. 그래서 진정한 자유는 자율, 즉 스스로 법을 지킬 때 찾아옵니다. 그 금기가 바로 수

만 가지 메뉴를 다 허락하고 딱 하나만 예외로 삼은 선악과였지만 인간은 그것이 유독 먹고 싶었던 것입니다. 안타깝지만 그것이 자유의지의 필연적 속성입니다. 사람이나 마귀나 하나님의 생각대로만 움직이는 꼭두각시 인형이 아니기 때문입니다.

이런 원리들을 잘 기억했다가 설명함으로써 이웃을 주님께로 인도하는 독자 여러분이 되시기 바랍니다~.

사명선언문

너희가 흠이 없고 순전하여……세상에서 그들 가운데 빛들로
나타내며 생명의 말씀을 밝혀 _ 빌 2:15-16

1. 생명을 담겠습니다
만드는 책에 주님 주신 생명을 담겠습니다.
그 책으로 복음을 선포하겠습니다.

2. 말씀을 밝히겠습니다
생명의 근본은 말씀입니다.
말씀을 밝혀 성도와 교회의 성장을 돕겠습니다.

3. 빛이 되겠습니다
시대와 영혼의 어두움을 밝혀 주님 앞으로 이끄는
빛이 되는 책을 만들겠습니다.

4. 순전히 행하겠습니다
책을 만들고 전하는 일과 경영하는 일에 부끄러움이 없는
정직함으로 행하겠습니다.

5. 끝까지 전파하겠습니다
모든 사람에게, 땅 끝까지, 주님 오시는 그날까지
복음을 전하는 사명을 다하겠습니다.

서점 안내

광화문점 서울시 종로구 새문안로 69 구세군회관 1층
02)737-2288 / 02)737-4623(F)

강남점 서울시 서초구 신반포로 177 반포쇼핑타운 3동 2층
02)595-1211 / 02)595-3549(F)

구로점 서울시 동작구 시흥대로 602, 3층 302호
02)858-8744 / 02)838-0653(F)

노원점 서울시 노원구 동일로 1366 삼봉빌딩 지하 1층
02)938-7979 / 02)3391-6169(F)

일산점 경기도 고양시 일산서구 중앙로 1391 레이크타운 지하 1층
031)916-8787 / 031)916-8788(F)

의정부점 경기도 의정부시 청사로47번길 12 성산타워 3층
031)845-0600 / 031)852-6930(F)

인터넷서점 www.lifebook.co.kr